Beau belle et Bio

à Montréal

Francine Nascivet

Lorsqu'un seul homme rêve, ce n'est qu'un rêve.
Mais si beaucoup d'hommes rêvent ensemble, alors
c'est le début d'une nouvelle réalité.

Friedensreich Hundertwasser, peintre, penseur et
architecte autrichien

D1322579

ULYSSE

petits bonheurs

Auteure: Francine Nascivet
Concepteur graphique et metteur en page: Pascal Biet
Correcteur: Pierre Daveluy
Infographiste: Marie-France Denis
Photographies de la page couverture: étirements matinaux, © Franck Le Mélinaire; carottes, © iStockphoto.com/Marie Fields; confortable courtepointe, © iStockphoto.com/Manuel Velasco; savon, © Dreamstime/Julien Bastide.

Cet ouvrage a été réalisé sous la direction d'Olivier Gougeon.

Remerciements:

Guides de voyage Ulysse reconnaît l'aide financière du gouvernement du Canada par l'entremise du Programme d'aide au développement de l'industrie de l'édition (PADIÉ) pour ses activités d'édition.

Guides de voyage Ulysse tient également à remercier le gouvernement du Québec – Programme de crédit d'impôt pour l'édition de livres – Gestion SODEC.

Guides de voyage Ulysse est membre de l'Association nationale des éditeurs de livres.

Note aux lecteurs

Tous les moyens possibles ont été pris pour que les renseignements contenus dans ce guide soient exacts au moment de mettre sous presse. Toutefois, des erreurs peuvent toujours se glisser, des omissions sont toujours possibles, des adresses peuvent disparaître, etc.; la responsabilité de l'éditeur ou des auteurs ne pourra s'engager en cas de perte ou de dommage qui serait causé par une erreur ou une omission.

Écrivez-nous

Nous apprécions au plus haut point vos commentaires, précisions et suggestions, qui permettent l'amélioration constante de nos publications. Il nous fera plaisir d'offrir un de nos guides aux auteurs des meilleures contributions. Écrivez-nous à l'une des adresses suivantes, et indiquez le titre qu'il vous plairait de recevoir.

Guides de voyage Ulysse
4176, rue Saint-Denis, Montréal (Québec), Canada H2W 2M5, www.guidesulysse.com, texte@ulysse.ca

Les Guides de voyage Ulysse, sarl
127, rue Amelot, 75011 Paris, France, voyage@ulysse.ca

Catalogage avant publication de Bibliothèque et Archives nationales du Québec et Bibliothèque et Archives Canada

Nascivet, Francine, 1976-
      Beau, belle et bio à Montréal : l'alimentation bio, les cosmétiques engagés; mieux-être et bonne forme, le commerce équitable, l'habitat écologique

      (Petits bonheurs)
      Comprend un index.
      ISBN 978-2-89464-915-2 (version imprimée)

      1. Produits écologiques. 2. Consommation durable. 3. Produits écologiques - Québec (Province) - Montréal - Répertoires. I. Titre.
HD9999.G772N37 2009   333.72   C2009-940845-7

*Ne doutez jamais qu'un petit groupe d'individus
conscients et engagés puisse changer le monde.
Il n'en a d'ailleurs jamais été autrement.*

Margaret Mead, anthropologue américaine

Sommaire

Introduction

Si chaque être humain consommait autant qu'un Nord-Américain, il faudrait cinq ou six planètes pour satisfaire les besoins de tout le monde. À travers nos actes de consommation quotidiens, il nous est possible de diminuer notre empreinte écologique bien plus que nous l'imaginons, sans pour autant renoncer à la modernité, au style et au confort. Mais comment devenir un(e) citadin(e) éco-responsable ? Comment décrypter la bonne information ? Comment sortir du flou publicitaire ou médiatique ? Comment agir à son échelle, dans son quotidien ?

À Montréal, de nouveaux projets bouillonnent; il se tisse une nouvelle plateforme d'artisans, de créateurs, de visionnaires qui se sentent concernés par tous ces dérapages et qui ont décidé d'agir. Le guide *Beau, belle et bio à Montréal* vous invite à découvrir ces adresses, ces éco-designers, ces fermiers, ces producteurs qui privilégient la qualité, le fait main, le local. Osez pousser la porte de leurs boutiques, de leurs épiceries, de leurs bureaux, de leurs restaurants, ou découvrir leurs sites Internet : vous serez agréablement surpris de tant d'ingéniosité, de créativité sans pour autant brûler toutes vos économies.

Pour qui ? Pour quoi ?

Pour que petits et grands découvrent, s'informent et agissent concrètement au quotidien, nous avons sillonné le grand Montréal et sélectionné des produits et services de qualité dans une perspective de développement durable (respectueux de l'homme et de son environnement).

Pas totalement convertis, complètement néophytes ou militants de la première heure, le guide *Beau, belle et bio à Montréal* est accessible à tous et répond à nos besoins et gestes quotidiens tout en nous sensibilisant aux questions écologiques et thématiques environnementales. Il remet en question les produits et services que nous utilisons chaque jour de l'année ou presque et essaie d'apporter des réponses. Alimentation, vin, produits de beauté, textiles, sites d'achat en ligne, restaurants, épiceries, événements, décoration, jouets drôles et durables, recyclage, compost, produits d'entretien, peintures sans solvants, éco-designers, techniques de relaxation et massages traditionnels, bref, ce guide est une mine d'idées, d'astuces, d'informations, de réflexions, de recettes vitaminées pour la peau et le corps. Sans oublier ses carnets des meilleures adresses en ville pour concilier concrètement sauvegarde de l'environnement et cadre de vie agréable et durable.

> *Et si nous apprenions à vivre autrement, à mettre un peu de vert dans notre quotidien ?*

Comment s'y retrouver ?

Beau, belle et bio à Montréal comprend cinq chapitres.

1. **Le goût du bon et du bio** porte sur l'alimentation et décrit en détail ce qu'est vraiment un produit bio tout en donnant une foule d'adresses où s'attabler et acheter bio.

2. **Forme et bien-être** s'intéresse aux toutes dernières nouveautés en matière de techniques énergétiques, d'exercices pratiques et de lieux et formations pour se ressourcer.

3. **Beauté bio et engagée** offre une nouvelle optique bio et écolo dans le domaine des cosmétiques en proposant même quelques recettes saines à préparer soi-même.

4. **Fibres écolos** adopte une nouvelle approche pour mettre en lumière les textiles respectueux de l'environnement tout en répertoriant les boutiques de créateurs montréalais.

5. **Ma maison écolo** présente les récentes découvertes au sujet de l'habitat écologique, avec adresses d'éco-designers locaux pour une maison saine et douillette.

En début d'ouvrage, le sommaire présente en détail toutes les subdivisions des chapitres pour faciliter la recherche des thèmes présentés dans le guide, et en fin d'ouvrage, deux index exhaustifs, l'un pour les mots clés et l'autre pour les établissements (commerces et organismes), permettent de s'y retrouver aisément. Les chapitres sont également ponctués de plusieurs encadrés intitulés «Bons gestes» et «Astuces vertes» et qui mettent de l'avant de nombreux trucs pour mieux vivre et agir dans un environnement sain.

Un petit geste pour l'humanité

Changement climatique, OGM, menace de la biodiversité, pollution croissante..., l'humanité tout entière est concernée par ces bouleversements, et nous sommes tous responsables personnellement de notre avenir sur Terre. C'est pourquoi le guide *Beau, belle et bio à Montréal* s'inscrit dans la perspective d'une éthique de la responsabilité personnelle. Cet ouvrage a été d'abord écrit pour vous informer des possibilités de revoir vos habitudes, ensuite pour vous sensibiliser à utiliser des produits alternatifs et enfin pour vous offrir des outils concrets qui vous permettent d'agir au quotidien. Pour le bien-être des petits et des grands, suivez le guide *Beau, belle et bio à Montréal*, un ouvrage essentiel à glisser dans votre sac !

Le goût du bon et du bio

Nous sommes ce que nous mangeons

« Si les conditions politiques étaient réunies, l'agriculture biologique pourrait produire suffisamment pour nourrir la planète, avec des performances économiques supérieures aux méthodes industrielles », conclut l'Organisation des Nations Unies pour l'alimentation et l'agriculture lors de la conférence internationale sur l'agriculture biologique et la sécurité alimentaire, tenue en mai 2007 à Rome.

Révolution dans nos marmites ou action de bons sens, les produits biologiques ne sont plus réservés aux bobos de la première heure ni aux ascétiques férus de pureté. Pour peu qu'ils soient associés à une démarche artisanale, de terroir, ou mieux revendiqués par de grands chefs d'ici, les produits bios apparaissent comme un point de repère de qualité et de plaisir gustatif. Le souvenir du vrai goût, de la saveur authentique représente une motivation solide pour agriculteurs et transformateurs qui, scandalisés par les problèmes liés à la pollution agricole (perturbations endocriniennes, troubles neurologiques, stérilité, etc.), à l'appauvrissement des sols et aux inflations records des plants OGM, décident de passer à un mode de production biologique. Les mœurs évoluent, et il semble que bio et gastronomie ne soient plus antithétiques. Petit tour de la question pour démêler le vrai du faux, acheter des produits bios sans se ruiner, avec en bonus de nouvelles saveurs goûteuses, connues ou atypiques à découvrir, sans oublier un carnet truffé des meilleures adresses montréalaises aussi bien écolos que gourmandes. Bio appétit!

Mais qu'est-ce exactement qu'un produit bio ?

Frais ou transformés, les produits biologiques ne contiennent ni pesticides, herbicides, insecticides, organismes génétiquement modifiés, agents de conservation, ou autres antibiotiques, antifongiques et anti-germinatifs. L'agriculture biologique n'utilise ni engrais ni fertilisants chimiques ou de synthèse. Le producteur choisit de préserver la qualité du sol en effectuant la rotation des cultures, en nourrissant la terre de compost, en maintenant la biodiversité. Outre ce respect pour le sol, élevages intensifs, hormones de croissance et procédés de radiation sont également proscrits.

Comment reconnaître un produit bio ?

À l'épicerie bio ou au supermarché, les ingrédients ou produits estampillés des logos Québec Vrai, Garantie Bio-Écocert, USDA, AB sont gages de confiance pour le consommateur. Pour qu'une marque puisse apposer en toute transparence le logo «bio» ou «issu de l'agriculture biologique» sur l'étiquette de son produit, il lui faut respecter un cahier des charges plus ou moins strict dont les normes diffèrent selon le pays et le label convoité. Prenez le temps de lire les étiquettes. Dans les marchés publics montréalais, les producteurs affichent leur certification sur le devant du kiosque. Restez vigilant et ne jurez pas que par les labels, car certains maraîchers locaux, tout en s'inscrivant dans une démarche écologique et éthique, ne peuvent assumer les coûts des certifications et se trouvent donc pénalisés. Osez leur poser des questions.

Acheter bio ne coûte pas forcément plus cher... favoriser aussi l'achat local

Renouer avec son fermier, son boucher, son poissonnier, son boulanger, son fromager de quartier, aller à la rencontre des petits commerçants et maraîchers bios de l'allée centrale du marché Jean-Talon, courir les dimanches bios estivaux du Marché des fermiers Duluth, c'est retrouver la saveur et la qualité première de nos denrées; redécouvrir notre patrimoine alimentaire; faire évoluer les produits et les modes de cultures d'ici; tisser des relations au quotidien, tout en réduisant la facture. En achetant directement des agriculteurs locaux dans les marchés fermiers ou publics de Montréal ou encore par l'entremise des paniers bios, le consommateur court-circuite les systèmes de production et de distribution classique, s'assure du prix juste tant pour le cultivateur que pour lui-même et met en place une véritable agriculture de proximité, sans intermédiaire. Avec en prime des économies d'eau et de pétrole, tout en stimulant l'économie locale. Après avoir questionné, goûté, croqué, pas de doute, notre opinion sur l'achat local et l'alimentation de saison, loin d'être triste et fadasse, réserve de savoureuses surprises.

Au final, en augmentant nos achats de nourriture produite localement, on ne cautionne plus les produits dénaturés par la culture intensive qui coûtent plus cher aux contribuables en termes de santé publique et d'amenuisement des ressources planétaires (produits majoritairement subventionnés par l'État et culture encouragée par de nombreux lobbys industriels), tout en réduisant notre empreinte carbone. Beau défi.

Bons gestes

Voilà maintenant 10 ans que les écocitoyens montréalais récupèrent, chaque semaine, leur cabas bio de fruits et légumes frais. Livrés dans un point relais près de chez eux, les paniers sont prépayés, ce qui permet au producteur de préparer sa saison, d'éviter les gaspillages et de lui garantir un revenu juste. Voilà une excellente alternative sociale, écologique et économique qui fait de plus en plus d'émules. Ci-dessous figurent quelques liens essentiels pour maintenir en vie notre agriculture paysanne.

Coop Bio Paysanne
www.coopbiopaysanne.ca

Réseau d'agriculture soutenue par la communauté
www.equiterre.org

Petit guide des aliments québécois qui font du bien au corps, sans abîmer la planète

Tout bon, tout beau, tout bio, tout digeste.

Bon pour le corps et le moral tout en étant écologiquement responsables, voici des produits chouchous bien d'ici, étonnamment goûteux... à découvrir ou à redécouvrir.

■ Le goût du bon pain et du beurre

Un retour aux valeurs simples pour les artisans de la boulangerie Arhoma, qui mettent à l'honneur des pains artisanaux simples ou parfumés, à la mie tendre et à la croûte bien dorée. Au réveil, tartinez une noisette de beurre salé préparé à l'ancienne sur le pain grillé. Le goût du vrai dans la bouche des petits et des grands.

Boulangerie Arhoma
15 place Simon-Valois, Hochelaga-Maisonneuve, 514-526-4662, www.arhoma.ca,
Ⓜ Joliette

Beurrerie du Patrimoine Compton
En vente dans plusieurs épiceries naturelles et fromageries.
www.fermegroleau.com

■ Graines de chanvre

Cultivée depuis plus de 6 000 ans, connue sous le nom de «chènevis», cette plante au goût de noisettes regorge d'acides gras essentiels (oméga-3, 6 et 9), de vitamines A et E. Source complète de protéines (de 30% à 50% de plus que le poisson ou le fromage), elle est plus facile à digérer que le soya. La graine de chanvre entière comprend 25% de protéines, 30% de glucides et 15% de fibres insolubles.

Aliments Trigone
En vente dans les épiceries naturelles
www.alimentstrigone.com

■ Miso

Composé de fèves de soya, d'une céréale comme le riz, de sel marin, d'eau et d'un champignon de fermentation, l'*Aspergillus oryzae* ou *koji-kin*, cet aliment vivant, à grande valeur nutritive, ne doit absolument pas

avoir été pasteurisé. Sa texture ressemble à du beurre de noisettes. Les Japonais affirment qu'un bol de miso par jour éloigne le médecin pour toujours. Bénéfique pour le système digestif, le miso aide à restaurer la flore intestinale; il a également la propriété d'aider l'organisme à se débarrasser d'éléments toxiques, entre autres les métaux lourds. Tous usages, le miso peut être incorporé dans presque tout et remplacer le sel dans la plupart des recettes.

Aliments Massawippi
En vente dans les épiceries naturelles
www.alimentsmassawipi.com

■ Fromages de lait cru

Qu'ils se nomment le Gré des Champs, le D'Iberville, le Monnoir, le Péningouin, ces fromages, exclusivement confectionnés avec du lait de vache biologique et cru, sont plus riches au niveau du goût et bénéfiques pour la flore intestinale et les défenses immunitaires. (La listeria se multiplie plus vite dans le lait pasteurisé que dans le lait cru.) Un véritable régal à quelques kilomètres de Montréal.

Fromagerie Au gré des champs
400 rang St-Édouard, St-Jean-sur-Richelieu, 450-346-8732,
www.augredeschamps.com

■ Tofu bio

La légende dit que l'empereur de Chine souhaitait épargner à jamais son peuple de la famine. Dieu l'entendit et lui fit don d'une graine de soja. Naturellement riche en protéines végétales, en calcium, magnésium et fer, sans cholestérol ni acides gras saturés, le soja est une légumineuse respectueuse de l'environnement. Elle enrichit le sol en azote organique, puisque le soja a la particularité de vivre en symbiose avec les bactéries qui se développent sur ses racines et qu'il consomme 25% moins d'eau que le maïs, par exemple. Le tofu est fabriqué à partir du *tonyu* ou lait de soya. Formé, égoutté, pressé puis salé, le tofu a une texture souple et un goût neutre; il contient environ 10% de protéines. Un excellent substitut à la viande.

Les Aliments Horium
En vente dans les épiceries naturelles
www.horium.com

> *La quantité d'eau nécessaire pour produire 1 kg de bœuf équivaut à celle utilisée pour se doucher quotidiennement pendant un an.*

Beau, bio, bon et sain, c'est l'heure de la dégustation

Inédit, ludique, innovant ou tout simplement réconfortant, rien n'échappe aux chefs montréalais. Voici un carnet d'adresses de cafés, bistros *arty* et restaurants gastro où manger rime avec plaisir et éthique.

■ Cafés-bistros

Bistro Le Moineau
5322 boul. St-Laurent, Mile-End, 514-690-3964, ◍ Laurier
Convivial et sans prétention, Le Moineau ouvre ses portes à l'heure du lunch ou pour les brunchs de fin de semaine. Une cuisine simple et savoureuse, façon Jamie Oliver, qui met l'accent sur des produits de qualité (le pain provient de la fameuse boulangerie Mamie Clafoutis, avenue Van Horne, et les gâteaux décadents, de chez Cocoa Locale, avenue du Parc).

Fuchsia Épicerie Fleur
4050 av. Coloniale, Plateau Mont-Royal, 514-842-1232, www.epiceriefleur.com, ◍ Mont-Royal
Ambiance cosy, décor bucolique, un lieu étonnamment agréable, une cuisine végétarienne voire végétalienne, préparée à partir de produits locaux et pour la plupart bios, toujours agrémentée de fleurs comestibles. Autre exclusivité du lieu : semences bios, poudre à récurer à la lavande, lait de bain... des produits exclusifs pour le bain, la maison et la cuisine.

TribuTerre Bistro
2590 rue Jarry E., St-Michel, 514-276-3999, www.tributerrebistro.com, ◍ St-Michel
Situé à proximité de la Tohu et du Cirque du Soleil, ce bistro organisé sous forme de coopérative de solidarité prend racine au sein d'un bâtiment écologique et offre une sélection de tapas, salades, pizzas et autres plats, préparés à partir de produits locaux, biologiques, équitables et de saison.

■ Gastro

ChuChai / Chuch'Express
4088-4094 rue St-Denis, Plateau Mont-Royal, 514-843-4194, www.chuchai.com, ◍ Mont-Royal
Littéralement «victoire» en langue thaïe, Chuchai et Chuch'Express sont deux restos qui conquièrent les gastronomes par leur cuisine avant-gardiste et unique en Amérique du Nord. Leur canard croustillant, leurs crevettes au lait de coco ou encore leurs calmars aux poivres longs, tous des simili-viandes à base de protéines de soja et de blé, ne laissent personne indifférent.

Restaurant Toqué!

900 place Jean-Paul-Riopelle, centre-ville, 514-499-2084, www.restaurant-toque.com, 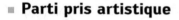 Place-d'Armes

Au cœur du Quartier international de Montréal, le Toqué!, membre de la famille Relais & Châteaux et reconnu comme l'un des restaurants les plus réputés au Canada, célèbre avec ferveur et talent les produits d'exception du terroir québécois.

Robin des Bois

4653 boul. St-Laurent, Plateau Mont-Royal, 514-288-1010, www.robindesbois.ca, ⓜ Mont-Royal

Ce restaurant à but non lucratif, dont le personnel est composé pour la plupart de bénévoles, propose une cuisine de saison, concoctée à partir des produits du terroir québécois. Tous les profits de ce restaurant bienfaiteur sont versés à des organismes communautaires de Montréal.

▪ Parti pris artistique

Bistro In Vivo

4731 rue Ste-Catherine E., Hochelaga-Maisonneuve, 514-223-8116, www.bistroinvivo.com, ⓜ Viau

Bien plus qu'un café, ce bistro culturel est également la scène de plusieurs spectacles d'artistes de la relève. Engagé socialement, le Bistro In Vivo est un point de chute pour les paniers bios.

Le Zigoto Café

5731 av. du Parc, Mile-End, 514-867-9005, www.lezigotocafe.blogspot.com, ⓜ Outremont

Soirées poésie, raconteurs d'histoires, expositions, bref, ce petit bijou de la l'avenue du Parc est un endroit convivial où l'on se sent comme chez soi. Café équitable, omelette en sandwich... il fait bon paresser sur sa terrasse ensoleillée.

Lola Rosa Café

545 rue Milton, ghetto McGill, 514-287-9337, ⓜ Place-des-Arts

Essayez le burger de chanvre ou bien la tourte aux plaisirs... tout simplement délicieux. Le café présente également des artistes de la relève.

▪ Tout simplement bon et bio

Aux vivres

4631 boul. St-Laurent, Plateau Mont-Royal, 514-842-3479, www.auxvivres.com, ⓜ Mont-Royal

Cuisine végétalienne.

Bonnys

1748 rue Notre-Dame O., St-Henri, 514-931-4136, www.bonnys.ca, ⓜ Lionel-Groulx

Cuisine végétarienne et biologique.

Café Juicy Lotus
5568 av. Monkland, Notre-Dame-de-Grâce, 514-487-7575, www.cafejuicylotus.com
Ⓜ Villa-Maria
Comptoir de repas, cuisine végétarienne et végétalienne. Cours de cuisine.

Café Rico
969 rue Rachel E., Plateau Mont-Royal, 514-529-1321,
www.caferico.qc.ca, Ⓜ Mont-Royal
Maison de torréfaction équitable et bouchées sur le pouce.

Café Santropol
3990 rue St-Urbain, Plateau Mont-Royal, 514-842-3110, www.santropol.com,
Ⓜ Sherbrooke
Sandwichs originaux de pain noir.

Chi-Ming Paradis Végétarien
4381 rue St-Denis, Plateau Mont-Royal, 514-845-7174, www.paradisvegetarien.com,
Ⓜ Mont-Royal
Restaurant-boutique de produits (simili-viandes) à base de gluten de blé ou de soya.

Crudessence restaurant-boutique
105 rue Rachel O., Plateau Mont-Royal, 514-510-9299, www.crudessence.com,
Ⓜ Mont-Royal
Alimentation vivante et biologique.

En compagnie des crêpes
Marché Jean-Talon, 7070 av. Henri-Julien, Petite-Patrie, 514-213-2369, Ⓜ Jean-Talon
À base de farine, lait et œufs biologiques.

L'escalier, café-bar
552 rue Ste-Catherine E., Quartier latin, 514-670-5812, www.lescaliermontreal.com,
Ⓜ Berri-UQAM
Cuisine végétarienne, bières artisanales, spectacles.

La faim du monde
4110 rue St-Denis, Plateau Mont-Royal, 514-510-4244, www.faimdumonde.com,
Ⓜ Mont-Royal
Cuisine végétarienne.

La panthère verte
66 rue St-Viateur E., Mile-End, 514-903-7770, www.lapanthereverte.com, Ⓜ Laurier
Cuisine végétalienne, crue et biologique.

Le cagibi
5490 boul. St-Laurent, Mile-End, 514-509-1199, www.lecagibi.ca, Ⓜ Laurier
Menu végétarien et végétalien, concerts, événements communautaires.

Le Petit Rico
4210 rue Boyer, Plateau Mont-Royal, 514-529-1321, Ⓜ Mont-Royal
Ce bistro offre un menu savoureux et abordable à base de produits locaux et
équitables.

Les délices bios
1327 av. du Mont-Royal E., Plateau Mont-Royal, 514-528-8843, Ⓜ Mont-Royal
Cuisine sans gluten.

Mandys
201 av. Laurier O., Outremont, 514-670-7820,
Ⓜ Laurier
Bar à salades.

Marché Serafim
393 rue St-Paul E., Vieux-Montréal,
514-861-8181, Ⓜ Champ-de-Mars
Café-épicerie bio.

MuvBox
quai des Éclusiers (coin McGill et de la Commune), Vieux-Port,
www.muvboxconcept.com, Ⓜ Square-Victoria
Alimentée par énergie solaire, cette halte gourmande conçue dans un ancien
conteneur portuaire offre, de mai à octobre, des mets aux saveurs régionales.

Nu Art Café
3780 rue Wellington, Verdun, 514-762-1310, Ⓜ de l'Église
Cuisine végétarienne, lecture de tarot les vendredis soir.

Olive & Gourmando
351 rue St-Paul O., Vieux-Montréal, 514-350-1083, www.oliveetgourmando.com,
Ⓜ Square-Victoria
Café-restaurant, brioches et pains artisanaux.

Riz en folie
2153 rue Mackay, centre-ville, 514-750-3415, www.rizenfolie.com, Ⓜ Guy-Concordia
Premier bar à poudings au Canada.

Stew Stop
372 rue St-Paul O., Vieux-Montréal, 514-303-0370, www.stewstop.ca,
Ⓜ Square-Victoria
Ce restaurant-boutique bio et écolo offre une sélection de vins biologiques et
biodynamiques.

Soupesoup
649 rue Wellington, Vieux-Montréal, 514-759-1159, Ⓜ Square-Victoria
80 av. Duluth E., Plateau Mont-Royal, 514-380-0880, Ⓜ Mont-Royal
174 rue St-Viateur O., Mile-End, 514-271-2004, Ⓜ Laurier
7020 av. Casgrain, marché Jean-Talon, Petite-Italie, 514-903-2113, Ⓜ Jean-Talon
Soupes et sandwichs préparés à partir de produits de saison.

Yeh! Yogourt glacé et café
3804 boul. St-Laurent, Plateau Mont-Royal, 514-903-7248, www.yehyogourt.com,
Ⓜ Sherbrooke
Yeh! Yogourt et café est le premier bar à yogourts glacés libre-service au Canada. En
plus de sa variété de yogourts et de garnitures, succombez aux crêpes françaises et
gaufres de blé entier à décorer à votre faim.

Yuan
400 rue Sherbrooke E., Quartier latin, 514-848-0513, www.yuanvegetarian.com,
Ⓜ Sherbrooke
Cuisine végétalienne asiatique.

Traiteurs sains et livraisons gourmandes

Un mariage, un party de bureau, un déjeuner sur le pouce, une collation, un gâteau d'anniversaire ou bien encore une réunion d'affaires... pas de panique, contactez la crème des traiteurs écolos de Montréal.

ChuChai
4088 rue St-Denis, Plateau Mont-Royal, 514-843-4194, www.chuchai.com, Ⓜ Mont-Royal
Fine cuisine thaïlandaise végétalienne à base de soja et de seitan.

Crudessence
5333 av. Casgrain, Plateau Mont-Royal 514-271-0333, www.crudessence.com,
Ⓜ Laurier
Cuisine vivante, biologique.

Flake céréales et yogourts
2275 rue Ste-Catherine E., Centre-Sud, 514-812-7229, www.flakebar.com,
Ⓜ Frontenac
Spécialiste des petits déjeuners et des collations santé, le tout servi dans des contenants biodégradables ou non jetables.

Fuchsia Épicerie Fleur
4050 av. Coloniale, Plateau Mont-Royal, 514-842-1232, www.epiceriefleur.com,
Ⓜ Mont-Royal
Cuisine florale, végétarienne et végétalienne.

La Rose et l'Abeille
Mile-End, 514-563-1335, www.laroseetlabeille.blogspot.com, Ⓜ Laurier
Tartes amandes et citron ou fromage et thé *matcha*, biscuits pavot et choco... Les délices sucrés biologiques et équitables de La Rose et l'Abeille ont un petit je-ne-sais-quoi supplémentaire qui flatte autant le palais que notre conscience environnementale.

Tributerre Bistro
2590 rue Jarry E., St-Michel, 514-276-3999, www.tributerrebistro.com, Ⓜ St-Michel
Produits locaux et biologiques.

Et si l'on apprenait à cuisiner autrement ?

Gourmet curieux et épicurien, venez assouvir votre appétit de connaissances culinaires et partez à la découverte de nouvelles saveurs et recettes atypiques.

■ Cuisines communautaires

Coop de repas
218-2000 rue Northcliffe, Notre-Dame-de-Grâce, 514-312-7074, www.mucs.ca,
Ⓜ Vendôme

Les Aum Bio
Regroupement des cuisines collectives du Grand Plateau, 514-529-3448,
www.rccq.org

■ Cuisine gastronomique

Appetite for Books
388 av. Victoria, Westmount, 514-369-2002, www.appetitebooks.ca, Ⓜ Vendôme
«Pour inspirer le chef qui sommeille en vous», voilà le slogan de cette librairie pas tout à fait ordinaire. En plus de son imposante collection d'ouvrages, Appetite for Books propose des ateliers et des cours de cuisine sur différents styles gastronomiques et techniques culinaires.

■ Cuisine thaïlandaise végétalienne

ChuChai
4088 rue St-Denis, Plateau Mont-Royal, 514-843-4194, www.chuchai.com,
Ⓜ Mont-Royal
La captivante chef Lily Sirikittikul vous invite à découvrir les secrets et préparations du Royaume du Siam. Laissez-vous enivrer par cette cuisine aux saveurs délicates. Et, enfin, dégustez.

■ Cuisine végétarienne

Coach Nutrition
www.coachnutrition.com
Le plaisir d'apprendre à cuisiner des repas végétariens savoureux et sans chichis. Les allergiques au gluten et aux produits laitiers sont les bienvenus.

▪ Cuisine vivante

Crudessence
5333 av. Casgrain, Plateau Mont-Royal, 514-271-0333, www.crudessence.com,
Ⓜ Laurier
Smoothie, tarte sucrée, lait végétal, fromage de noix, lasagne ou sushis… découvrez les secrets de l'alimentation vivante (sans four, ni plaques chauffantes) dans une ambiance conviviale.

▪ Cuisine végétalienne

Suzy Home Maker
www.suzy-home-maker.com
Cuisiner des mets irrésistibles sans lait, œufs, beurre et autres matières animales… oui c'est possible.

Pour un cabas sans pesticides

Marchés publics, épiceries bios ou livraison à domicile : petit tour de rayon pour dénicher les meilleurs produits.

▪ Aux marchés

À compter de la mi-juin, et jusqu'à la mi-octobre, éleveurs et maraîchers bios prennent place dans les marchés publics et de quartier pour présenter et vendre leurs produits de saison. Fruits, légumes, miels, fromages, viandes et autres produits : les résidents et les producteurs locaux se rapprochent.

Marché des fermiers Duluth
4265 av. Laval, Plateau Mont-Royal, 514-225-5306, www.marcheduluth.com,
Ⓜ Mont-Royal

Marché Jean-Talon
7070 av. Henri-Julien, Petite-Italie, www.marche-jean-talon.com, Ⓜ Jean-Talon

Les Jardins Mil'herbes
7070 av. Henri-Julien, Petite-Italie, www.jardinsmilherbes.com, Ⓜ Jean-Talon

La Chèvrerie du Buckland
7070 av. Henri-Julien, Petite-Italie, Ⓜ Jean-Talon
Fromage fermier caprin.

Les Jardins Sauvages
7070 av. Henri-Julien, Petite-Italie, www.jardinssauvages.com, Ⓜ Jean-Talon
Champignons et plantes sauvages comestibles.

Les samedis bio du Marché Maisonneuve
4445 rue Ontario E., Hochelaga-Maisonneuve,
www.marchemaisonneuve.com, Ⓜ Pie-IX
De la mi-août à la fin d'octobre.

Les dimanches bio d'Outremont
Esplanade de la rue Dollard, angle de l'avenue Van
Horne, Ⓜ Outremont
De la fin août au début d'octobre.

◾ Épiceries bios et produits d'ici

Voici un carnet non exhaustif des bonnes adresses à Montréal où il fait bon acheter des produits biologiques et du terroir.

Nos adresses préférées

Bio terre
201 rue St-Viateur O., Mile-End, 514-278-3377, www.bioterreepiceriesante.ca,
Ⓜ Laurier
Vous y allez pour sa large gamme de produits cosmétiques et de plantes médicinales ainsi que pour son rayon de *raw food* (alimentation vivante). En prime, chaque mois, Bio terre vous invite à prendre part aux activités, présentations de produits, etc.

Biotiful
104 av. Laurier O., 514-807-0716, Mile-End, www.biotiful.ca, Ⓜ Laurier
Après avoir rempli votre chariot de provisions, revitalisez-vous au deuxième étage. Des professionnels spécialisés en naturopathie, herboristerie et massothérapie sauront vous conseiller.

C'est la vie naturellement
1584 av. Laurier E., Plateau Mont-Royal, 514-528-9559, www.clvnature.com, Ⓜ Laurier
Produits frais en direct de la ferme Champy, petits plats maison à emporter, sans oublier les produits de beauté tels que les savons basilic-menthe et le masque au thé *matcha*, açaï et baies de Goji de la célèbre marque californienne Pangea Organics.

Club Organic
4341 rue Frontenac, Plateau Mont-Royal, 514-523-0223, www.epiceriebiologique.ca,
Ⓜ Mont-Royal
Exclusivement bio, cette épicerie offre une grande variété de produits en vrac. Sans oublier ses populaires cours de cuisine.

Ferme Pousse-Menu
261 promenade Ronald, Notre-Dame-de-Grâce, 514-486-2345, www.pousse-menu.com, Ⓜ Vendôme

Soja, luzerne, pois chiches ou fenugrec : les graines germées riches en vitamines, minéraux, enzymes et chlorophylle, accompagnent merveilleusement les salades et petits plats. Si vous préférez jouer les apprentis jardiniers, des germoirs de différents formats sont également disponibles.

Health Tree
3827 boul. St-Jean, Dollard-des-Ormeaux, 514-624-2896, www.healthtree.ca

Le grand supermarché bio de l'ouest de la ville.

Le Frigo Vert
2130 rue Mackay, centre-ville, 514-848-7586, www.lefrigovert.com, Ⓜ Guy-Concordia

À la fois épicerie et coopérative sans but lucratif, Le Frigo Vert est le lieu idéal pour acheter des produits biologiques et équitables à prix défiant toute concurrence.

Téva Aliments Naturels
5143 boul. Décarie, Notre-Dame-de-Grâce, 514-486-5542, Ⓜ Vendôme.

En faveur d'une économie de proximité depuis bon nombre d'années, l'épicerie Téva propose également des consultations en naturopathie dont l'analyse du sang vivant. À découvrir sans plus attendre.

D'autres adresses à découvrir

Aliments Merci
Marché Jean-Talon, 282 place du Marché-du-Nord, Petite-Italie, 514-274-3962, www.alimentsmerci.com, Ⓜ Jean-Talon
Marché Maisonneuve, 4445 rue Ontario E., Hochelaga-Maisonneuve, 514-899-1066, Ⓜ Pie-IX

Aliments naturels à votre santé
5126 rue Sherbrooke O., Notre-Dame-de-Grâce, 514-482-8233, Ⓜ Vendôme

Biotope
324 boul. Grand, Île-Perrot, 514-453-1133, www.biotopesante.com

Chi-Ming Paradis Végétarien
4381 rue St-Denis, Plateau Mont-Royal, 514-845-7174, www.paradisvegetarien.com, Ⓜ Mont-Royal

Simili-viandes à base de gluten de blé ou de soya.

Épicerie Alfalfa
7070 av. Henri-Julien, marché Jean-Talon, Petite-Italie, 514-272-0683, Ⓜ Jean-Talon

Épicerie Mile-End
5710 av. du Parc, Mile-End, 514-270-3313, www.epiceriemileend.com, Ⓜ Outremont

Equimonde
5854 rue St-Hubert, Petite-Patrie, 514-274-3784, www.equimonde.com, Ⓜ Rosemont

> *Quelque 64% des terres cultivables dans le monde servent à nourrir les animaux.*

Fous de la Gaspésie
1253 rue Beaubien E., Petite-Patrie, 514-656-1593, www.fousdelagaspesie.com, Ⓜ Beaubien
Produits du terroir gaspésien.

Fleur sauvage Natural Foods
5561 rue Monkland, Notre-Dame-de-Grâce, 514-482-5193, Ⓜ Villa-Maria

L'Eau Vive Aliments Naturels
248 rue St-Georges, Mont-Saint-Hilaire, 450-464-5767

Le Marché des saveurs du Québec
280 place du Marché-du-Nord, marché Jean-Talon, Petite-Italie, 514-271-3811, www.lemarchedessaveurs.com, Ⓜ Jean-Talon
Produits agroalimentaires, fromages et vins du terroir.

Marchés d'Aliments Naturels Tau
4238 rue St-Denis, Plateau Mont-Royal, 514-843-4420, www.marchestau.com, Ⓜ Mont-Royal
7373 rue Langelier, St-Léonard, 514-787-0077, Ⓜ Langelier
6845 boul. Tachereau, Brossard, 450-443-9922
3188 boul. St-Martin O., Laval, 450-978-5533

Mycoboutique
16 rue Rachel E., Plateau Mont-Royal, 514-223-6977, www.mycoboutique.ca, Ⓜ Mont-Royal
Spécialiste des champignons sauvages du Québec.

Mission Santé Thuy
1138 rue Bernard O., Outremont, 514-272-9386, www.missionsante.com, Ⓜ Outremont

Nature Santé 2000
5006 boul. Queen-Mary, Notre-Dame-de-Grâce, 514-738-4638, Ⓜ Snowdon

Panier Santé Place Versailles
7275 rue Sherbrooke E., local 2225, Anjou, 514-352-5475, Ⓜ Radisson

Panier Santé Fleury
1332 rue Fleury E., Ahuntsic, 514-388-5793

Rachelle-Béry
505 rue Rachel E., Plateau Mont-Royal, 514-524-0725, www.rachelle-bery.com, Ⓜ Mont-Royal
4810 boul. St-Laurent, Plateau Mont-Royal, 514-849-4118, Ⓜ Mont-Royal
2346 rue Beaubien E., Petite-Patrie, 514-727-2327, Ⓜ Beaubien
217 rue Saint-Charles O., Longueuil, 450-679-6472

Retour aux sources
8833 rue Hochelaga, Mercier, 514-351-4150, Ⓜ Honoré-Beaugrand

Tiferet Kosher Organic Products
2500 ch. Bates, Outremont, 514-733-0547, www.tiferetorganic.com, Ⓜ Outremont
Poissons, viandes et volailles bios.

Tournesol Aliments Naturels et Biologiques
1251 rue Beaubien E., Petite-Patrie, 514-274-3629, Ⓜ Beaubien
1602 rue Fleury E., Ahuntsic, 514-384-6660, Ⓜ Sauvé

▪ Votre marché bio en ligne, livré à domicile

Pas le temps ou pas envie de courir à l'épicerie, optez plus tôt pour la livraison à domicile en un seul clic. Voici une liste d'adresses essentielles à retenir.

Froots'N Veggiz
514-495-4949, www.frootsnveggiz.com
Panier personnalisé de fruits et de légumes certifiés bios.

Le Jardin des Anges
450-258-4889, www.jardindesanges.com

Les Jardins Urbains
450-589-7814, www.lesjardinsurbains.ca

L'Épicier Vraiment Vert
4627 av. Wilson, Notre-Dame-de-Grâce, 514-486-2247, www.ecollegey.com.
Ⓜ Villa-Maria

▪ Aux inconditionnels de la viande

Préférez toujours des viandes biologiques produites localement et en quantité modérée. Choisissez les viandes à faible empreinte écologique telles que les volailles, le lapin ou les viandes sauvages plutôt que les ruminants qui rejettent du méthane, un puissant gaz à effet de serre. Dans le cycle de la production et de la transformation de la nourriture, l'agriculture représente le plus gros impact environnemental (pollution de l'air et des nappes phréatiques, déforestation, consommation excessive de céréales, surconsommation d'eau, grandes concentrations de pesticides, d'antibiotiques et d'hormones, émissions de gaz à effet de serre, etc.). En novembre 2006, un rapport de l'ONU avait sonné l'alarme : l'industrie de la viande générait plus de gaz à effet de serre que tous les modes de transport combinés. À l'échelle mondiale, de 15% à 20% des émissions de méthane sont liées à l'élevage des animaux. À l'échelle du consommateur, manger 1 kg de bœuf émet autant de gaz à effet de serre qu'un trajet de 60 km à 70 km en voiture! Outre les épiceries bios, les adresses citées ci-dessous se démarquent par la qualité de leur viande.

Boucherie Les Fermes St-Vincent
Marché Atwater 138 av. Atwater, St-Henri,
514-937-4269, www.saint-vincentbio.com,
Ⓜ Lionel Groulx
Marché Jean-Talon, 7070 av. Henri-Julien, Petite-
Italie, 514-271-0209, Ⓜ Jean-Talon

Coop Bio Paysanne
Achat en ligne directement de la ferme,
www.coopbiopaysanne.ca

Les cochons tout ronds
Marché Jean-Talon, 7070 av. Henri-Julien, allée 4, Petite-Italie, 514-904-2645,
www.cohonstoutronds.com, Ⓜ Jean-Talon

■ Pour les irréductibles amateurs de fromages fermiers

Voici une petite liste des meilleures adresses pour déguster des fromages d'ici ou
d'ailleurs, fermiers ou de lait cru.

L'Échoppe des fromages
12 rue Aberdeen, St-Lambert, 450-672-9701,
www.lechoppedesfromages.com

Le Marché des saveurs du Québec
280 place du Marché-du-Nord, marché Jean-
Talon, Petite-Italie, 514-271-3811,
www.lemarchedessaveurs.com, Ⓜ Jean-Talon

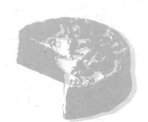

La fromagerie Atwater
Marché Atwater, 134 av. Atwater, St-Henri,
514-932-4653, www.fromagerieatwater.ca,
Ⓜ Lionel-Groulx

Yannick Fromagerie d'Exception
1218 av. Bernard, Outremont, 514-279-9376,
www.yannickfromagerie.ca, Ⓜ Outremont
Marché de l'Ouest, 11690 rue De Salaberry, Dollard-des-Ormeaux, 514-421-9944

Et le vin dans tout ça ?

Nous nous interrogeons de plus en plus sur le contenu de notre assiette, celui
de notre verre fait également l'objet des mêmes inquiétudes et des mêmes
questionnements. Longtemps marginalisés, les vins issus de l'agriculture biologique
ou biodynamique suscitent, depuis ces dernières années, un engouement
croissant. Absence de pesticides, d'herbicides, de fongicides et autres produits
chimiques, enherbement entre les pieds de vignes : la mention «agriculture
biologique» est encadrée par un cahier des charges très strict selon le label choisi
(AB, Demeter, Nature et progrès, Biodyvin). Mais une fois dans son chai, le vigneron
agit comme bon lui semble. Ainsi, pour éviter les malversations et les catégories
floues de vins dits «naturels», certaines associations ont établi un ensemble
de règles pour une vinification bio, et une chartre européenne devrait voir le jour
prochainement. Préférez les vins sans levure hexogène, et élaborés avec peu ou
pas de souffre. Défini comme substance allergène, l'anhydride sulfureux (SO$_2$), de
la famille des sulfites, est utilisé dans les vignes et les caves depuis des siècles

pour éviter que le vin ne s'oxyde et tourne au vinaigre. Depuis 2005, la législation européenne impose la mention «contient des sulfites» sur les bouteilles contenant plus de 10 mg/litre, sans pour autant en préciser la quantité. Les maxima autorisés en viticulture conventionnelle sont de 160 mg/litre pour les vins rouges, 210 mg/l pour les vins blancs, rosés et mousseux et de 400 mg/l pour les liquoreux. C'est cet abus de SO_2 qui provoque maux de crâne et brûlures d'estomac.

Le vin bio, quant à lui, a bien des vertus : il garde tous ses arômes, sa personnalité en bouche, ses minéraux et ses vitamines. Voici un carnet d'adresses pour dénicher quelques bonnes bouteilles ou prendre un verre.

Vignoble des Négondos

7100 rang St-Vincent, St-Benoît (Mirabel), 450-258-2099, www.negondos.com
Situé dans les Basses-Laurentides, tout près de Montréal, le Vignoble des Négondos offre une sélection de huit vins secs, blancs, rouges et rosés, ainsi qu'un vin moelleux et liquoreux (vendange tardive), tous issus de raisins biologiques. Ils sont disponibles directement au vignoble et vendus en permanence chez Yannick Fromagerie d'exception au Marché de l'Ouest (11690 boul. de Salaberry, Dollard-des-Ormeaux). Plusieurs restaurants montréalais, comme Le Toqué! et Vices et Versa bistro du terroir, servent également ces excellents vins.

Bar à vin Les trois petits bouchons

4669 rue St-Denis, Plateau Mont-Royal, 514-285-4444, www.lestroispetitsbouchons.com, Ⓜ Mont-Royal
Avec une passion commune pour l'authenticité et le terroir, Les trois petits bouchons offre une grande sélection de vins naturels et vinifiés à l'ancienne. Même exigence du côté de la cuisine, où les assiettes sont préparées avec brio et créativité.

Resto-boutique Stew Stop

372 rue St-Paul O., Vieux-Montréal, 514-303-0370, www.stewstop.ca, Ⓜ Square-Victoria
Dans un décor épuré qui fait la part belle aux matériaux recyclés et au bambou, le resto-boutique Stew Stop propose une cuisine vitaminée à base de produits bios et locaux ainsi que des vins d'importation privée biologiques et biodynamiques.

Et la SAQ dans tout ça...

Longtemps marginalisée, la grande distribution s'intéresse de plus en plus à cet engouement pour les vins issus de l'agriculture bio. Sur les tablettes de la SAQ, ces vins sont regroupés sous le panneau « Agrobiologique ». Sachez cependant qu'il existe des domaines qui n'ont aucune certification et qui néanmoins travaillent dans le respect de la nature. Ne vous fiez donc pas seulement aux étiquettes : mieux vaut demander conseil aux experts lors de votre prochaine visite en magasin.

Rézin
257 rue Dante, Petite-Italie, 514-937-5770, www.rezin.com, Ⓜ Beaubien

Cette agence en vins, bières et spiritueux se distingue par sa spécialisation et sa sélection rigoureuse de vins d'artisans qui mettent de l'avant le respect du terroir. Plusieurs de leurs vins importés, soit les meilleures cuvées des domaines, sont disponibles à la SAQ. Vous pouvez également commander une caisse de 6 ou 12 bouteilles directement à l'agence Rézin.

Bons gestes

Préférez les bouchons en liège pour les bouteilles de vin

Taillés dans l'écorce du chêne-liège, ces bouchons traditionnels proviennent d'une matière naturelle renouvelable, recyclable, moins polluante que ceux en plastique ou en métal, avec un atout supplémentaire sur la préservation de la qualité du vin. Il existe des bouchons de liège provenant de forêts durablement gérées (label FSC). Sans oublier qu'au Québec, plusieurs boutiques et restaurants s'engagent à récupérer les bouchons pour ensuite les réexpédier au plus grand producteur de bouchons de liège au monde, soit l'entreprise portugaise Amorim & Imaos. Cette dernière se charge de leur donner une seconde vie (isolation, confection de chaussures, recouvrement de sols...). Voici les adresses où déposer vos bouchons

Coop La Maison Verte
5785 rue Sherbrooke O., Notre-Dame-de-Grâce, 514-489-8000, www.cooplamaisonverte.com, Ⓜ Vendôme

Éco-quartier Émard
6071 boul. Monk, Notre-Dame-de-Grâce, 514-768-2709, www.ville-emard.com/ecoquartier, Ⓜ Monk

Éco-quartier Louis-Cyr
75 Square Sir Georges-Étienne-Cartier, local 021, St-Henri, 514-935-8120, www.ville-emard.com/ecoquartier, Ⓜ Place St-Henri

Éco-quartier St-Laurent
1480 rue de l'Église, St-Laurent, 514-744-8333, www.eqsl.ca, Ⓜ du Collège

Le réseau des boutiques Vinexpert
www.vinexpert.com/carte.php

Le réseau des restaurants La Piazzetta
www.lapiazzetta.ca

SOS planète
Éco-quartier Pierrefonds-Roxboro, 13 rue Centre Commercial, Roxboro, 514-752-0778, www.sosplanete.org

Et la bière...

Déclinée en blonde, brune ou rousse, la bière artisanale fait de plus en plus d'adeptes. Pour une soirée gastronomique ou décontractée, partez à la découverte des trésors houblonnés de la métropole qui méritent le détour.

L'Amère à boire
2049 rue St-Denis, Quartier latin, 514-282-7448, www.amereaboire.com, Ⓜ Sherbrooke

Cette brasserie artisanale s'inspire des quatre coins de la planète pour fabriquer ses 14 variétés de bières. Le menu, allant du burger végétarien ou d'agneau du Québec au poisson-frites, en passant par les bretzels maison et la crème brûlée, accompagne à merveille ces boissons houblonnées. Profitez de la terrasse en été.

Benelux
245 rue Sherbrooke O., centre-ville, 514-543-9750, www.brasseriebenelux.com, Ⓜ Place-des-Arts

Tout près du Quartier des spectacles, cette ancienne banque transformée en brasserie-café est très prisée, tant par son architecture contemporaine et minimaliste que par son ambiance décontractée.

Brasseurs de Montréal
1483 rue Ottawa, Griffintown, 514-788-4500, www.brasseursdemontreal.ca, Ⓜ Lucien-L'Allier

Qu'elles soient anglaises, orientales ou écossaises, les bières des Brasseurs de Montréal, aux goûts distinctifs, sauront vous réjouir, surtout accompagnées d'un de leurs plats réconfortants et savoureux. Profitez de la terrasse en été.

Dieu du Ciel
29 rue Laurier O., Outremont, 514-490-9555, www.dieuduciel.com, Ⓜ Laurier

Depuis 1998, la renommée de cette brasserie artisanale dépasse les frontières du Québec et même du Canada. Blanche au gingembre, stout au cacao et vanille ou ale ambrée... Goûtez à ces bières aux arômes complexes et uniques, plus douces ou encore plus traditionnelles.

Helm, brasseur gourmand
273 av. Bernard O., Mile-End, 514-276-0473, www.helm-mtl.ca, Ⓜ Outremont

Grâce à son houblon, sa levure et son malt, ce pub fait la promotion de produits locaux de qualité. Outre les bières brassées sur place, Helm propose une importante sélection de cidres québécois et de vins d'Amérique du Nord, sans oublier sa cuisine du terroir.

Agenda gourmand à Montréal

La nature s'invite en ville, et toutes les occasions sont bonnes pour s'initier, flâner et apprendre à se nourrir autrement. Au programme, des rendez-vous festifs, à consommer sans modération.

■ Festivals

Expo Manger Santé et Vivre Vert
www.expomangersante.com
Par l'intermédiaire d'animations, de conférences, de démonstrations culinaires et d'exposants, cet événement a pour mission d'informer et de sensibiliser le public aux saines habitudes alimentaires et à l'environnement. Fin mars.

Fête bio-paysanne à la Tohu
www.fetebiopaysanne.ca
Le plus grand rendez-vous environnemental au Canada consacré à tout ce qui fait l'univers des écocitoyens : alimentation, habitat, bien-être, énergies renouvelables, etc. Début août.

La quinzaine du commerce équitable
www.equiterre.org/equitable/quinzaine
Animations, expositions, dégustations, rencontres avec les producteurs d'ici et d'ailleurs, pour mieux faire connaître les pratiques d'achat responsables. Cet événement a lieu au début de mai.

■ Conférences, formations et lectures

Voici quelques liens essentiels qui aident à porter un regard neuf sur le quotidien. Et si nous changions nos comportements ?

Slow Food Québec
www.slowfoodquebec.com

Jardins sur les toits
www.rooftopgardens.ca/fr

Les Urbainculteurs
www.urbainculteurs.org

Guide des vins bios
Pascal Patron, éditions Québécor

Magazine bio-bulle
www.lavisbio.org

12 idées « éco-bouffe »

1 Plus riches en vitamines et minéraux

Favoriser les produits bios, locaux et de saison.

2 Cuisine originelle

(re)Découvrir les variétés anciennes de fruits et de légumes.

Cuisiner les légumes oubliés du Québec, Anne Samson, éditions Modus Vivendi, 2008.

3 Évitez les produits aux étiquettes d'ingrédients interminables

Cela signifie certainement qu'il y a davantage d'arômes artificiels que de produits réels.

4 Favorisez les produits « tout nus »

Emballage superflu ? Matériau recyclable ? (La fabrication du carton est moins énergivore que celle du plastique ou de l'aluminium.)

Frenco

3985 boul. St-Laurent, Plateau Mont-Royal, 514-285-1319, Ⓜ Mont-Royal ou Sherbrooke

5 Remplacez la quantité par la qualité

Privilégiez les céréales de grains entiers, le sucre complet, les huiles de première pression à froid, les protéines végétales biologiques, et diminuez votre consommation de viande : 40 000 litres d'eau et 20 kg de céréales sont nécessaires pour produire 1 kg de viande de bœuf, sans compter les émissions de gaz à effet de serre.

6 Évitez l'achat de poissons et de fruits de mer menacés d'extinction

Élevage intensif ou taux de mercure élevé : certains poissons comme l'aiglefin, le bar du Chili, le thon rouge, le saumon d'élevage de l'Atlantique, la morue de l'Atlantique, l'espadon, le requin, le pangasius et la lotte sont sur la liste rouge.

Greenpeace

www.greenpeace.ca

7 Pour une pêche durable et responsable

Plusieurs espèces bénéficient de l'écolabel MSC garantissant des méthodes de pêche respectueuses de l'environnement.

Marine Stewardship Council
www.msc.org/fr

8 Adoptez les cuissons lentes

Très sensibles à la cuisson, les enzymes sont détruites à 40°C, et les vitamines entre 60°C et 75°C. Les cuissons lentes et à la vapeur préservent saveurs, arômes et vitamines.

9 Évitez les produits raffinés

Farine, pain, riz et sucre blancs, édulcorants, produits hydrogénés ou traités, riches en additifs chimiques, nitrates et glutamates... l'ensemble de ces matières contribue à l'accumulation d'acide et de toxines dans l'organisme.

10 À utiliser occasionnellement

Le four à micro-ondes modifie la composition moléculaire des aliments, rendant certaines protéines indigestes.

11 Privilégiez les produits équitables

Lorsque disponibles, glissez sucre, café, bananes, chocolat, thé, riz et encore huile dans votre cabas.

12 Compostez

Les déchets enfouis génèrent du méthane, un gaz à effet de serre 21 fois plus polluant que le CO_2. À Montréal, il est possible d'acheter un composteur dans les Éco-quartiers pour 25$ ou de déposer directement vos matières compostables dans un des moulins à compost.

Éco-quartiers de Montréal
www.ville.montreal.qc.ca

Compost Montréal
514-690-5773, www.compostmontreal.com

Centre de compostage communautaire Tourne-Sol
Parc Jeanne-Mance (à l'angle des avenues Duluth et du Parc), 514-288-1402, www.ecojm.org

Forme
et bien-être

Pour faire le plein d'énergie et être bien avec soi

Après des années d'activités plutôt musclées, la tendance est aux mouvements qui permettent d'apprendre à connaître le corps plutôt qu'à l'épuiser, rompant ainsi avec les codes traditionnels du sport en salle. S'ajoute à toute cette effervescence un engouement grandissant pour les spas du « Sanitas Per Aqua ». Rien d'étonnant, alors, que d'anciennes ou nouvelles techniques fleurissent un peu partout et que de nombreux lieux de détente ouvrent leurs portes pour combler cette quête du bien-être. Voici une sélection d'adresses montréalaises et de techniques de remise en forme et de massages, destinées à tous, y compris les femmes enceintes et les bébés, pour apprendre à relâcher la pression, s'occuper de soi et recharger le corps en énergie positive. Leurs objectifs : nous faire parvenir au rayonnement intérieur et extérieur dont nous rêvons tant.

Méthodes corporelles pour bouger à un autre rythme

Fini le temps où être en forme rimait avec performance, usine à muscles et corps verrouillé. La tendance s'oriente davantage vers des méthodes différentes qui font travailler le corps autrement, selon une approche globale, tout en douceur, sans tortures mentales. Même si le yoga et le Pilates sont des absolus, plusieurs techniques inédites, enseignées à Montréal, permettent d'affiner, d'assouplir et de tonifier la silhouette tout en réconciliant muscles, chair et esprit. À chacun de trouver la méthode qui correspond le mieux à ses goûts et à ses attentes.

> *Bouger, c'est bon pour...*
>
> *Augmenter la capacité pulmonaire, prévenir le diabète, améliorer les réflexes d'équilibre, oxygéner les tissus, tonifier et assouplir l'ensemble du corps, stimuler la circulation sanguine et lymphatique, aider à l'équilibre des neuromédiateurs qui sont responsables de la bonne humeur, du désir, de l'entrain, etc.*

■ **Pour ceux qui recherchent les disciplines dites «fusion»**

Budôkon

Du japonais *bu* (guerrier), *dô* (chemin) et *kon* (esprit), cette technique inventée par Cameron Shayne, ex-garde du corps de l'acteur et réalisateur américain Sean

Penn, fusionne les postures du hatha-yoga et les exercices d'arts martiaux. La séance se termine par une relaxation guidée sur texte taoïste. Au final, un corps gainé, le mental recentré et vous, complètement énergisé.

Spa Zazen
209 rue St-Paul O., 3ᵉ étage, Vieux-Montréal, 514-287-1772, www.spazazen.com, Ⓜ Place-d'Armes

Victoria Park
376 av. Victoria, local 425, Westmount, 514-488-7722 www.vicpark.com, Ⓜ Côte-Vertu

Qi Gong de la mémoire du souffle

Cette méthode, conçue par la chorégraphe et danseuse montréalaise Marie-Claude Rodrigue, est une approche globale unissant les principes fondamentaux de la médecine traditionnelle chinoise au Qi Gong, tai-chi, Tao-in (étirements des méridiens), méditation, automassage et plus encore. Mouvements en spirale, en ondulations ou en torsion, gestes fluides, travail sur le souffle : ces exercices procurent détente, vitalité, concentration et harmonie du cœur, du corps et de l'esprit, pour mieux s'enraciner et faire naître le lâcher-prise intérieur.

Studio Fragments libres
6091 rue Waverly, Outremont, 514-279-7243, www.fragmentslibres.com, Ⓜ Rosemont

Gyrotonic

Gyro signifie « cercle » et *tonic*, « force et élasticité ». Inventée par le danseur hongrois Juliu Horvath, cette méthode d'entraînement originale et unique intègre la respiration fluide du yoga aux principes de mouvements de base de la natation, de la danse, du tai-chi et de la gymnastique. Reconnue comme l'une des formes d'entraînement et de rééducation les plus évoluées au monde, cette méthode se pratique à l'aide d'un appareil équipé de câbles, poulies et poids. Par des mouvements circulaires et amples, combinés à une respiration spécifique, les articulations s'assouplissent, les muscles profonds s'allongent et se tonifient tout en finesse. La Gyrotonic améliore la posture, stimule la circulation sanguine et lymphatique, améliore l'endurance, la souplesse et la coordination. Les séances individuelles s'adressent à tous les niveaux et à tous les âges ainsi qu'aux femmes enceintes.

Préférez la régularité et variez les plaisirs

Un entraînement trop intensif est contre-productif. Il élève le niveau de cortisol (l'hormone du stress), ce qui a pour effet d'augmenter le taux de glucose, ce sucre de réserve facilement transformé en gras s'il n'est pas brûlé.

Gyrotonic Montréal
4160 rue Dorchester O., local 102, Westmount, 514-932-5503,
www.gyrotonicmontreal.ca, ⓜ Atwater

Muv Ma
1565 av. du Mont-Royal E., Plateau Mont-Royal,
514-527-4111, www.centrekinesphere.com,
ⓜ Mont-Royal

Studio Fragments libres
6091 rue Waverly, Outremont, 514-279-7243,
www.fragmentslibres.com, ⓜ Rosemont

NIA

Se pratiquant pieds nus sur une musique à la fois
rythmée ou plus tamisée, sous forme de chorégraphies
et d'expressions libres, le NIA (signifiant Now I Am)
conjugue les arts de la danse, les arts martiaux et
la prise de conscience corporelle. Accessible à
tous, cette technique importée des États-
Unis se fonde sur le plaisir de bouger et
vise à rétablir l'harmonie du corps et de
l'esprit.

Lucie Beaudry
www.luciebeaudry.com

Studio ViaNia
www.studioviania.com

Yogadanga

Sur des rythmes aussi enivrants que tonitruants, le souffle
s'enroulant autour de différentes pratiques yogiques, improvisations
dansées et relaxation, le corps explore, s'aventure, s'incarne et recentre son esprit
dans un va-et-vient d'influences et d'énergie. Un goût du mélange décomplexé,
intime, profond et fougueux.

Studio Space
4532 av. Laval, Plateau Mont-Royal, 514-270-9135, www.yogadanga.com,
ⓜ Mont-Royal

■ Pour ceux intéressés par des méthodes d'éducation somatique

Cette approche corporelle vise à une meilleure conscience du corps permettant ainsi d'éliminer douleurs et tensions associées aux mouvements répétitifs, aux postures inadéquates, etc.

Anti-gymnastique

Par des mouvements lents, des étirements doux et des automassages, l'anti-gymnastique permet de retrouver la mobilité musculaire, d'éliminer crispations douloureuses et raideurs dans la nuque, les épaules, le dos. Pour un corps harmonieux et équilibré quels que soient votre âge et votre condition physique.

Kinegym
4200 av. de l'Hôtel-de-Ville, Plateau Mont-Royal, 514-277-4357, www.ceramontreal.ca, ⓜ Mont-Royal

Fédération internationale de l'anti-gymnastique Thérèse Bertherat
www.antigymnastique.com

Méthode Feldenkrais

À la suite d'un traumatisme au genou, Moshé Feldenkrais, docteur en sciences et ingénieur d'origine russe, développa une méthode basée sur quatre principes : le mouvement, la sensation, le sentiment et la pensée. Adaptée à tous, quels que soient votre âge et votre condition physique, la méthode Feldenkrais relâche les tensions, améliore la flexibilité et la mobilité sans effort inutile. Séances individuelles ou de groupe.

Association Feldenkrais Québec
www.feldenkraisqc.info

Pilates

Inventée par l'Allemand Joseph Pilates, cette méthode de remise en forme, construite autour de six éléments clés : la concentration, le centre (la région abdominale, située juste sous le nombril, est le point de départ de tout mouvement), le maintien, la respiration, la précision et la fluidité, a pour principe de corriger l'alignement du corps. Le Pilates réduit les tensions, tonifie les muscles abdominaux et dorsaux, améliore la force, la coordination et l'équilibre du corps. Accessible à tous, le Pilates se pratique à l'aide d'appareils ou sur tapis, en cours particulier ou en petits groupes.

Ann McMillan Pilates
1224 rue Ste-Catherine O., centre-ville, 514-735-9506, www.ampilates.com, Ⓜ Peel

Kine Pilates
6994 rue St-Denis, Petite-Patrie, 514-222-5780, www.kinepilates.com, Ⓜ Jean-Talon

Mandala Spa urbain
6255 boul. Monk, Notre-Dame-de-Grâce, 514-769-6789, www.mandalaspaurbain.com,
Ⓜ Monk

Pilates Racine
3617 rue St-Denis, Plateau Mont-Royal, 514-759-1697, www.pilatesracine.com,
Ⓜ Mont-Royal

Studio Endorphine
1313 Shearer, Pointe-St-Charles, 514-578-2016, www.studioendorphine.com,
Ⓜ Charlevoix

Studio Praxis
376 av. Victoria, local 185, Westmount, 514-486-9949, www.studiopraxis.com,
Ⓜ Vendôme

Up Pilates
484 rue Champagneur, Outremont, 514-273-8940, Ⓜ Outremont

Le ventre, notre deuxième cerveau

Bien plus qu'un ventre, il est un système immunitaire, un système nerveux et un producteur de cellules qui jouent un rôle important dans le fonctionnement des muscles. Le cerveau et les intestins sont en relation étroite, en dialogue permanent et coopèrent grâce à un réseau complexe de neurotransmetteurs. Sensible, réagissant fortement au stress et aux émotions, le ventre est la seule partie du corps non protégée par le squelette; tapissé sous la peau de cellules adipeuses, il se remplit de lipides à volonté, le tout accentué par les débalancements hormonaux. Il est donc important de prendre soin de cette région hautement réactive. Pour retrouver confort et bien-être général, pourquoi ne pas essayer l'hydrothérapie du côlon?

Vitacru
1575 boul. de l'Avenir, local 400, Laval, 514-983-9888, www.vitacru.com,
Ⓜ Montmorency

Clinique l'Aube
7700 rue St-Denis, Villeray, 514-389-3026, www.laube.ca, Ⓜ Jarry

Clinique de santé naturelle Mai Hua
3792 boul. Décarie, Notre-Dame-de-Grâce, 514-489-4686, Ⓜ Villa-Maria

Technique Alexander

Cette méthode, inventée au début du siècle dernier par un chanteur australien, F. Mathias Alexander, aux prises avec des problèmes d'aphonie, met en évidence l'interaction constante entre le physique, le mental et l'émotionnel, la relation juste et dynamique entre la tête, le cou et la colonne vertébrale. La technique Alexander élimine les mauvaises habitudes de posture et de respiration, source de douleurs et de tensions au quotidien (maux de dos, fatigue, manque de souplesse…). Elle s'adresse à tous. Séances individuelles.

Lawrence Smith
5126 av. De Lorimier, Plateau Mont-Royal, 514-495-3513,
www.alexandertechnique-montreal.com, ⓜ Laurier

Yamuna Body Rolling

Afin d'éliminer les tensions, améliorer la posture, étirer et relâcher les muscles, le Yamuna Body Rolling est une méthode réunissant la mise en forme, le massage et la thérapie corporelle ainsi que l'utilisation de ballons gonflables de différentes grosseurs dans le but d'augmenter l'endurance corporelle.

nfbody
1565 av. du Mont-Royal E., Plateau Mont-Royal, 514-882-6763,
www.centrekinesphere.com, ⓜ Mont-Royal

Spa Zazen
209 rue St-Paul O., 3ᵉ étage, Vieux-Montréal, 514-287-1772, www.spazazen.com,
ⓜ Place-d'Armes

Coaching semi-privé

Pilates, yoga ou remise en forme, nombreuses sont les activités qui vous gardent en forme, vous obligent à bouger et ainsi à profiter d'une pause mieux-être. Pourquoi ne pas constituer un petit groupe au bureau, à l'école ou encore dans le confort de votre foyer ? À plusieurs, c'est parfois plus facile et plus entraînant.

Cocoa Bean Yoga
514-884-4060, www.cocoabeanyoga.com

Ergo Yoga
514-804-3746, www.ergo-yoga.com

Kin-Zen
514-704-6578, www.kin-zen.com

YogAnick
514-850-9642, www.yoganick.com

■ Pour ceux qui recherchent des gymnastiques énergétiques traditionnelles ou issues des arts martiaux

Capoeira

À la fois une danse et un art martial afro-brésilien, la capoeira, soutenue par le rythme des percussions et des chants, est un mélange de coups de pied non portés, de gestes aériens entrecoupés d'une *ginga*, un balancement du corps et un changement d'appuis d'une jambe à l'autre. Une pratique idéale pour se vider la tête, tonifier et délier l'ensemble du corps.

Studio Bizz
551 av. du Mont-Royal E., Plateau Mont-Royal, 514-544-1760, www.studiobizz.com, Ⓜ Mont-Royal

Studio Danse Montréal
7240 rue Clark, Petite-Patrie, 514-223-3918, www.studiodansemontreal.com, Ⓜ De Castelnau

Qi Gong

Qi signifie littéralement «souffle et énergie» et *Gong* signifie «œuvre, travail». Le Qi Gong, basé sur l'équilibre du yin-yang, constitue l'une des cinq branches de la médecine traditionnelle chinoise. Par des mouvements simples, souples et lents, des étirements et ondulations, associés à la respiration et à la concentration, cette méthode millénaire améliore la souplesse, la coordination, apaise l'esprit et améliore la concentration, favorise la circulation du *Qi*, stimule les principaux points d'acupuncture. Le Qi Gong s'adresse à tous. On dit qu'il favorise la santé et la longévité.

Qi Gong Montréal
Mile-End et Plateau Mont-Royal, 514-274-4481, www.qigongmontreal.com

Tai-chi ou la boxe de l'ombre

Art martial fondé sur l'équilibre entre la force et la faiblesse, la fermeté et la souplesse, la respiration, la précision,

Respirer, c'est capital

Inspirez calmement par le nez en gonflant tout d'abord l'abdomen dans un mouvement souple, sans tension, puis ensuite faites soulever la cage thoracique. Expirez longuement par la bouche en vidant les poumons et en descendant le mouvement respiratoire vers l'abdomen tout en rentrant le ventre. Le bruit aide au relâchement. Après plusieurs inspirations/expirations, vous sentez un relâchement au niveau de la tête, du cou, des membres. Le diaphragme fonctionne librement et génère en s'abaissant un massage régulier des organes digestifs; le ventre est libéré. Bien respirer oxygène le corps et l'esprit.

l'enchaînement et la coordination de mouvements, le tai-chi entretient la souplesse du corps, stimule le fonctionnement des organes vitaux et apprend à affronter calmement les situations stressantes de la vie.

Mandala Spa urbain
6255 boul. Monk, Notre-Dame-de-Grâce, 514-769-6789,
www.mandalaspaurbain.com, ⓜ Monk

Taïjiquan, école Gilles Thibault
5800 rue St-Denis, local 403, Petite-Patrie, 514-993-8886, www.t-j-q.com,
ⓜ Rosemont

Yoga

Selon le grand sage indien Patañjali, «le yoga est l'ensemble des techniques corporelles, psychologiques et spirituelles qui vient à assurer au pratiquant une paix intérieure et une sérénité durable». Il se pratique partout, sur votre lieu de travail, en milieu scolaire ou en plein air, en petits groupes ou de façon privée. À chacun son rythme, son style, son professeur, selon ses aspirations, sa personnalité. Voici une liste non exhaustive des styles de yoga et une sélection d'adresses. À Montréal, la plupart des studios de yoga proposent des cours prénataux et postnataux ainsi que des séances parents-enfants.

Hatha-yoga

Probablement le plus enseigné en Occident, le hatha-yoga se décompose en *hakar* (le soleil) et en *thakar* (la lune). C'est l'union du corps et de l'esprit, du masculin et du féminin. Le hatha-yoga, à travers la fluidité des *âsanas* (postures stables) et du *pranayama* (maîtrise du souffle), vitalise le corps et favorise une meilleure prise de conscience de soi tout en permettant d'apprendre à respecter ses limites.

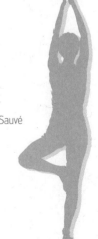

Aloha Yoga
6089 rue Chateaubriand, Petite-Patrie, 514-962-5642,
www.alohayoga.ca, ⓜ Rosemont

Ambaa Yoga
4660 rue Notre-Dame O., St-Henri, 514-996-3620,
www.ambaayoga.com, ⓜ Place-St-Henri
Spécialité : chakra-yoga.

Bleu Studio Yoga & Pilates
1417 rue Fleury E., Ahuntsic, 514-969-1321, www.bleustudio.ca, ⓜ Sauvé

Centre Luna Yoga
231 rue St-Paul O., Vieux-Montréal,
514-845-1881, www.centrelunayoga.com, ⓜ Place-d'Armes
Spécialité : yoga Jivamukti.

L'égrégore

1989 rue Gilford, Plateau Mont-Royal,
514-292-0686, www.egregore.ca, Ⓜ Laurier
Spécialité : hatha-yoga adapté aux saisons,
issu de la médecine traditionnelle chinoise,
méditations sonores et *mudras*.

Heaven on earth

12681 rue Joron, Pierrefonds,
514-684-0099, www.heavenstudio.ca
Spécialité : yoga à deux et formation de
professeur.

Mandala Spa Urbain

6255 boul. Monk, Notre-Dame-de-Grâce,
514-769-6789, www.mandalaspaurbain.com,
Ⓜ Monk

Soham Yoga

306 rue Villeray, Villeray, 514-678-5210,
www.soham-yoga.com, Ⓜ Jarry

Studios Lyne St-Roch

4416 boul. St-Laurent, local 103, Plateau Mont-Royal, 514-277-1586,
www.lynestroch.com, Ⓜ Mont-Royal

Studio Vert Prana

4365 rue St-Denis, Plateau Mont-Royal, 514-523-8717, www.vertprana.com,
Ⓜ Mont-Royal

Yoga des voyelles

Anna Takahashi, Plateau Mont-Royal, 514-282-7790, www.annagaiayoga.blogspot.com
Union entre les sons conscients du chant des voyelles et les postures.

Yoga Sangha

3437A rue St-Denis, Plateau Mont-Royal, 514-499-1726, www.yoga-sangha.com,
Ⓜ Sherbrooke

Yoga Ashtanga ou yoga Vinyasa

Très dynamique, axé sur une suite d'enchaînements soutenus de difficulté
progressive, associée à une respiration active, le yoga Ashtanga ou « yoga aux huit
membres » est considéré comme le plus physique des yogas.

Yoga Asana

1565 av. du Mont-Royal E., Plateau Mont-Royal, 514-527-4111,
www.centrekinesphere.com, Ⓜ Mont-Royal

Ashtanga Yoga Montréal

372 rue Ste-Catherine O., local 118, centre-ville, 514-875-9642,
www.ashtangamontreal.com, Ⓜ Place-des-Arts
Spécialité : formation de professeur.

> ## *Dormir pour mieux mincir*
>
> *Une étude américaine présentée lors de la conférence « American Thoracic Society », à San Diego, confirme le rapport entre le sommeil et l'indice de masse corporelle. Des nuits de sept à huit heures de sommeil permettent de réguler les hormones de la faim et les réserves de graisse dans l'organisme.*

Centre Holistique Om West
46-3 rue Ste-Anne, Pointe-Claire, 514-905-8020, www.westislandyoga.com

Yoga ManuShanti
Plateau Mont-Royal, 514-569-0700, www.yogamanushanti.com
Spécialité: formation de professeur. Yoga pour enfants.

Yoga Iyengar

Précis et rigoureux, le yoga Iyengar, du nom de son fondateur, met l'accent sur l'alignement du corps, la précision dans la posture et l'utilisation de supports (sangles, blocs en bois...).

Centre de Yoga Iyengar de Montréal
917 av. du Mont-Royal E., Plateau Mont-Royal, 514-528-8288, www.iyengaryogamontreal.com, Ⓜ Mont-Royal

United Yoga Montréal
451 rue Ste-Catherine O., local 203, centre-ville, 514-849-7100, www.unitedyogamontreal.com, Ⓜ Place-des-Arts ou McGill

Yoga Bikram

Inventé par le maître indien Bikram Choudhury à la suite d'une blessure au genou, le yoga Bikram consiste en une séquence de 26 poses très dynamiques (la moitié debout, l'autre au sol) et de deux exercices de respiration. Particularité de ce yoga, il a lieu dans une salle chauffée à 42°C, ce qui a pour effet de faciliter un étirement plus profond, d'éliminer plus rapidement les toxines et de réduire les tensions.

Bikram Yoga Montréal
721 av. Walker, St-Henri, 514-989-7642, www.bikramyogamtl.com, Ⓜ Lionel-Groulx
435 rue Laurier E., Plateau Mont-Royal, 514-303-6013, www.bikramyogamtl.com, Ⓜ Laurier

Yoga Moksha

Variante du yoga Bikram, le yoga Moksha, constitué d'une séquence de 40 postures, le tout pratiqué dans une salle chauffée dont la température oscille entre 36°C et 40°C, stimule le système cardio-vasculaire, accélère la détoxication du corps et améliore la souplesse.

Une bouffée d'oxygène

Pour contrecarrer les effets du stress et faciliter la détente tout en revitalisant le corps, osez tester le bar à oxygène, une technique qui consiste à inspirer les effluves d'oxygène concentré à plus de 95%, parfumé aux huiles essentielles de votre choix.

Oxygène Spa
4059 boul. St-Laurent, Plateau Mont-Royal, 514-670-6846, www.oxygenespa.com, Ⓜ Sherbrooke ou Mont-Royal

Moksha Yoga Montréal
3863 boul. St-Laurent, local 200, Plateau Mont-Royal, 514-288-3863, www.mokshayogamontreal.com,  St-Laurent ou Sherbrooke

Moksha Yoga NDG
4260 rue Girouard, 3ᵉ étage, Notre-Dame-de-Grâce, 514-544-9642, www.mokshayogandg.com, Ⓜ Villa-Maria

Yoga Kripalu

Souvent nommé «le yoga de la compassion», le Kripalu est un style de yoga qui met l'accent sur les postures dynamiques, la conscience corporelle, la relaxation profonde et la méditation.

Joy of Yoga
451 rue Ste-Catherine O., centre-ville, 514-569-7652, www.joyofyoga.net, Ⓜ McGill
Spécialité : retraites et formation de professeur.

Leah R. Vineberg
136 rue Fairmount O., Mile-End, 514-238-6148, www.yogawithleah.ca, Ⓜ Laurier

Studio Espaceyoga
5252 boul. De Maisonneuve O., local 100, Westmount, 514-933-8671, www.espaceyoga.com, Ⓜ Vendôme

Yoga Kundalini

Introduit dans le monde occidental à la fin des années 1960 par un yogi de religion sikh, Yogi Bhajan, le yoga Kundalini intègre la pratique d'*âsanas*, de techniques respiratoires, de *bhandas* (contractions ciblées de certaines zones du corps) et de mantras (chants ou sons). À la fois tonifiant et relaxant, le yoga Kundalini améliore la concentration et la clarté mentale.

Centre de Kundalini Yoga Ek Ong Kar
8394 rue Lajeunesse, Villeray, 514-385-5367, www.yogaekongkar.com, Ⓜ Jarry ou Crémazie

Studio Breathe
1313 rue Shearer, Pointe-St-Charles, 514-933-3666, www.studiobreathe.com, Ⓜ Charlevoix

Happy Tree Yoga
4010 rue Ste-Catherine O., local 200, Westmount, 514-846-9642, www.happytreeyoga.com, Ⓜ Atwater

En attendant bébé

Haptonomie, yoga ou chant prénatal, les cours de préparation à l'accouchement sont multiples, et tous s'inscrivent dans une vision plus humaine et plus holistique de la grossesse. Voici quelques pratiques disponibles à Montréal.

■ Chant prénatal

Les scientifiques s'accordent pour dire que l'audition est fonctionnelle dès le 5e mois de vie intra-utérine. À la fois relaxant et dynamisant, le chant prénatal, à travers la respiration, le mouvement et les sons, aide à tisser des liens privilégiés avec l'enfant à naître, à libérer les tensions et émotions, à mieux vivre les transformations liées à la grossesse, à prendre conscience du souffle, de la posture et des muscles sollicités au cours de la grossesse et lors de l'accouchement.

Le cordon musical
4019 av. De Lorimier, Plateau Mont-Royal, 514-521-9613, www.lecordonmusical.com, Ⓜ Mont-Royal

■ Haptonomie

Mise au point au début des années 1980 par Frans Veldman, cette approche fusionne deux mots grecs : *Hapsis*, qui désigne le toucher, et *Nomos* la règle. Communément appelée la «science de l'affectivité», cette méthode consiste à créer des liens affectifs par l'intermédiaire du toucher, et ce, dès le 4e mois de grossesse. Les papas sont les bienvenus.

Association pour la préparation affective à la naissance
www.naissanceaffective.com

■ Hypnonaissance

Basée sur le travail du docteur Grantly Dick-Read, qui découvrit que l'angoisse et les tensions de la future mère étaient la cause de douleurs, cette méthode d'accompagnement à la naissance enseigne des techniques de relaxation, de respiration et de visualisation. Grâce à l'autohypnose, la relaxation est profonde mais consciente, les résistances et les craintes disparaissent, pour un accouchement dans une atmosphère de calme, de douceur et d'harmonie.

Centre MA Thérapie
757 av. Outremont, Outremont, 514-495-9015, www.centrematherapie.com,
Ⓜ Outremont

▪ Yoga maternité

Par des postures douces et adaptées, des exercices de respiration et de relaxation, le yoga prénatal aide à renforcer les muscles abdominaux, à assouplir les muscles du plancher pelvien et à soulager les maux liés à la grossesse.

Studios Lyne St-Roch
4416 boul. St-Laurent, local 103, Plateau Mont-Royal, 514-277-1586,
www.lynestroch.com, Ⓜ Mont-Royal
Spécialité : atelier de yoga prénatal en couple.

Yoga Maternité
5149 rue St-Denis, Plateau Mont-Royal, 514-271-0853,
www.yogamaternite.com, Ⓜ Laurier

Yoga Zen
514-850-0431, www.zenavecjenn.com
Spécialité : yoga par le conte pour les enfants.

▪ Dansez avec bébé

Spécialement conçus pour les nouvelles mamans et leurs jeunes enfants, ces cours de danse ont pour objectif le bien-être, l'expression créative, la conscience corporelle et le plaisir.

Mama Dances (de 2 à 12 mois)
www.mamadances.com

Salsa danse portage maman bébé (de 1 à 9 mois)
Kavaloo, 1298 av. Van Horne, Outremont, 514-270-7715, www.kavaloo.ca, Ⓜ Outremont

Bons gestes

Bousculez votre corps

Le matin au réveil, après une douche bien chaude, changez de température et passez à l'eau fraîche. Cette gymnastique vasculaire évite que les artères et les vaisseaux perdent de la souplesse ou qu'ils se sclérosent. Le froid relance la circulation sanguine et lymphatique, lutte également contre les œdèmes, les varices, les jambes lourdes, la cellulite. Cette alternance chaud-froid prévient les risques d'accidents cardio-vasculaires favorisés par le tabac, la sédentarité, le cholestérol.

2 Séance de musculation réinventée

Le mur Kinésis est un appareil révolutionnaire qui privilégie le mouvement dans l'espace dans une totale liberté grâce à un système de câbles coulissants reliés à un jeu de poulies. Un programme sur mesure qui permet d'exécuter des gestes fluides, rectilignes, en diagonale ou en rotation à 360°, sans aucun blocage ni risque de blessures.

La pause Bien-Être
100 av. Dresden, Ville Mont-Royal, 514-737-7378, www.lapausebienetre.com.
Ⓜ Acadie

3 Éliminez les toxines par sudation

Avant un massage, après un effort physique ou une journée surchargée, à la suite d'une convalescence ou d'un début de rhume ou de fièvre, rien de mieux qu'une séance dans la cabine à rayons infrarouges. Totalement indolore, sans aucun dommage pour la peau, ce «sauna» en bois est utilisé au Japon à des fins médicales depuis plus de 40 ans. La température se situe aux environs de 45°C, ce qui est beaucoup plus doux et confortable qu'un sauna conventionnel, et pourtant la chaleur pénétrante émise par un rayonnement d'ondes infrarouges produit essentiellement une transpiration purifiante, alors que dans un sauna classique, on parle d'une transpiration relaxante. Quelque 30 min suffisent pour se détendre, éliminer les douleurs musculaires et articulaires et libérer les toxines, graisses et métaux lourds qui surchargent l'organisme. Petit plus : une séance, nous dit-on, équivaut à une course à pied de 20 km.

Spa Ambrosia
4150 rue St-Denis, Plateau Mont-Royal, 514-504-7886, www.ambrosia-sante.com, Ⓜ Mont-Royal

4 Adoptez une bonne posture

Que vous soyez assis, debout, dans la rue, en voiture, devant votre ordinateur ou à l'entraînement, prenez conscience de votre posture. Quelques petits trucs pour maintenir une bonne position permettant d'effacer douleurs, tensions et fatigue :

› Les pieds sont à plat et sont appuyés au sol, ni trop en avant, ni trop en arrière.

› Le bassin est basculé en arrière de façon à étirer le dos vers le haut.

› Assis sur les ischions et non sur les fesses.

› À l'inspiration, les côtes s'écartent sur le côté et non d'avant en arrière.

› À l'expiration, les côtes se rapprochent naturellement, les épaules sont maintenues bas.

5 Automassage des pieds : simple, sain et gratuit

Pour stimuler les nombreuses terminaisons nerveuses, favoriser la circulation sanguine et lymphatique et redynamiser l'organisme au quotidien, rien de mieux qu'un automassage des pieds.

La Massagerie
5030 av. Papineau, Plateau Mont-Royal, 514-529-6153, www.lamassagerie.com, Ⓜ Laurier
Pour mieux faire connaître les points réflexes, la Massagerie vend cartes et affiches.

6 Prenez le temps de vous arrêter

La méditation est une chose qui n'est pas arrangée, organisée. La méditation EST. Elle commence avec la première marche, qui est d'être libre de toutes vos blessures psychologiques, peurs accumulées, anxiété, solitude, désespoir, tristesse. J. Krishnamurti

Allongé, assis, debout, quels que soient le lieu où l'on se trouve et la pratique choisie, il n'existe pas de réponse unique : la méditation est multiple. Elle est un moyen, selon le sociologue David Le Breton, de « fermer les portes à toutes les urgences de la vie qui battent en nous », de larguer les amarres et de se sentir bien dans le moment présent. « C'est un peu comme si l'on renforçait son système immunitaire mental », comme le répète le moine bouddhiste Matthieu Ricard.

Centre Yoga Sangha (professeur de méditation : Dawn Bramadat)
3437A rue St-Denis, Plateau Mont-Royal, 514-499-1726, www.yoga-sangha.com, ⓜ Sherbrooke
Les méditations associées aux chants sacrés ont lieu tous les dimanches matin au centre Yoga Sangha de la rue Saint-Denis.

7 Vivez une aventure inoubliable

Comme tout ce qui compte dans la vie, un beau voyage est une œuvre d'art.
André Suarès

Chaque périple est unique et différent, adapté à nos attentes, nos exigences, nos besoins de l'instant. Spiritours propose des voyages de ressourcement au bout du monde, tandis que Yoga Nature organise des retraites et des ateliers de yoga ici ou dans des contrées lointaines.

Spiritours
1695 boul. St-Joseph E., local 100, Plateau Mont-Royal, 514-374-7965, www.spiritours.com, ⓜ Laurier

Yoga Nature
www.yoga-nature.ca

8 Respectez votre biorythme

Si vous avez une séance de yoga pyjama ou une marche rapide ou toute activité qui demande un effort cardio-vasculaire, le matin au réveil, l'avant-midi ou les environs de 18h sont d'excellents moments pour vous adonner à vos activités favorites. À jeun, les cellules sont disposées à déstocker rapidement pour fournir de l'énergie. Au début, l'organisme brûle les sucres ; ce n'est qu'au bout de 30 min qu'il puise dans ses réserves.

9 *Faites travailler vos abdos en douceur*

Pour éviter les maux de dos, protéger les organes internes (estomac, intestin grêle, côlon...), améliorer la posture, affiner la silhouette et se faire un ventre ferme, il est bien important de renforcer l'ensemble des muscles de la paroi abdominale. Mais pas n'importe comment. Inutile de forcer, de rapprocher les épaules du bassin et/ou les jambes de la poitrine. Cela crée une poussée vers le bas, affaiblit les muscles profonds et faire sortir le ventre. Il est préférable d'allonger au maximum la colonne vertébrale. À l'effort, on doit expirer du bas vers le haut en remontant le nombril : le ventre durcit et rentre puis la taille se creuse.

- Assis sur une chaise, le dos calé au dossier, genoux à hauteur des hanches, expirez en appuyant fortement sur les ischions (les os pointus des fesses) et en poussant le sommet de la tête vers le plafond, nuque droite.

- Allongé sur le dos, pliez la jambe droite contre le ventre, tendez le bras droit et placez le coude à gauche du genou, puis poussez le bras vers la droite en résistant avec la jambe. Idem du côté gauche.

- Couché sur le dos, jambes pliées, laissez descendre les deux genoux du même côté, sans décoller la taille du sol.

⑩ Adoptez un vélo de location en libre-service

Nouveau sésame du transport écologique, le Bixi est le nouveau vélo de ville accessible partout sur l'île de Montréal (pas moins de 400 stations et 5 000 vélos), moyennant un abonnement.

www.bixi.com

Massages, j'ai rendez-vous avec moi-même

Le mot «massage» fut officiellement admis dans le dictionnaire au début du XIXe siècle: «Pétrir avec les mains les différentes parties du corps d'une personne qui sort du bain, de manière à rendre les articulations plus souples et la circulation des humeurs plus faciles. L'usage de se faire masser est très commun en Orient. Les femmes de nos contrées, transportées sous le ciel fortuné des Indes, ne passent pas un seul jour sans se faire masser par leurs esclaves et sacrifient des heures entières à cette occupation» (*Dictionnaire de l'Académie Française*, 1835).

Étymologiquement, le mot «massage» puise ses racines dans les langues grecque (*massein*: presser dans les mains), hébraïque (*mashesh*: pétrir) et arabe (*mass*: frotter doucement). Le massage est considéré comme la plus vieille et la plus simple source de bien-être et de santé: les peuples d'Orient l'utilisent à des fins préventives et thérapeutiques depuis la nuit des temps. Au Ve siècle av. J-C., en Occident, Hippocrate, père de la médecine moderne, le recommande souvent aux malades et écrit: «La route vers la santé passe par un bain parfumé et un massage à l'huile chaque jour.» Qu'il soit vigoureux, doux, avec ou sans huile, le massage procure de multiples bienfaits. Il permet de dénouer le corps de ses tensions tant physiologiques que mentales, de faire circuler l'énergie librement et de se reconnecter avec son vrai soi. Voici une sélection de massages moins connus ou plus exotiques disponibles à Montréal.

Pour gagner en sérénité

Rien de mieux qu'un massage sur chaise: 15 min suffisent pour diminuer les tensions dues au stress, procurer une agréable détente et redonner tonus et vitalité. En entreprises, dans les aéroports ou lors d'événements, les séances de massage sur chaise font de plus en plus d'adeptes.

Espace Nomad
514-842-7279, www.espacenomad.ca

Firme en Forme
514-799-7936,
www.firmeenforme.com

Massage sur chaise
en entreprise
514-258-3672,
www.massagesurchaise.ca

■ Massage du ventre

Autrefois pratiqué par les moines taoïstes chinois, le massage *chi-nei-tsang* travaille sur l'abdomen par un toucher à la fois léger et profond. Ce soin permet de désintoxiquer, d'affiner et de fortifier le corps tant physique qu'émotionnel. Régénérateur, il agit sur les différents systèmes du corps: digestif, nerveux, lymphatique, musculaire, respiratoire, etc.

Studio Fragments libres
6091 rue Waverly, Outremont, 514-279-7243, www.fragmentslibres.com, Ⓜ Rosemont

■ Fasciathérapie

Inventée par le Canadien Danis Bois, cette méthode a pour but de libérer les fascias – ces membranes qui enveloppent et relient entre eux les muscles et organes comme une toile d'araignée. Lors d'un choc, les fascias se contractent pour protéger les organes, muscles et viscères. À l'aide de manipulations, massages et mobilisations à la fois douces, lentes et profondes, le corps respire, gagne en élasticité, en tonus et en mobilité, et la douleur disparaît.

Association québécoise de la Méthode Danis Bois
www.aqmdb.com

■ Massage Jamu

Pratiqué avec de l'huile de noix de coco additionnée de fleurs d'ylang-ylang, gingembre, clou de girofle, muscade... le massage Jamu (littéralement «élixir») associe différentes techniques: torsions, percussions, points de compression, pressions glissées avec les poings et palper-rouler latéral. De la voûte plantaire au sommet du crâne, ce massage à la fois méditatif et rythmique assouplit les articulations, améliore la circulation et lave le corps de toutes ces impuretés.

Espace Jamu
354 boul. St-Joseph E., local 203, Plateau Mont-Royal, 514-927-5268, www.espace-jamu.com, Ⓜ Laurier

■ Ku Nye

Vieux de plus de 4 000 ans, le massage Ku Nye, thérapie externe de la médecine traditionnelle tibétaine, a pour but de maintenir, harmoniser ou rétablir l'équilibre des trois humeurs (ou constitutions): *rLung*, le vent; *mKhris-pa*, la bile; *Bad-kan*, le phlegme. Il se pratique au sol, le corps enduit d'une huile chaude enrichie de plantes médicinales et de minéraux, appropriée à l'humeur et aux débalancements de la personne. Le massage Ku Nye comprend diverses manœuvres: pétrissages, mouvements circulaires, frottements, tapotements, digitopression. Selon les besoins, le praticien peut ajouter la thérapie par la chaleur, *srowa* (moxibustion, pierres chaudes, tampons d'herbes chaudes…); par le froid (agates, compresses…); les ventouses; le massage avec le bâton, *Yuk Cho*. À la fois relaxant et énergisant, le massage Ku Nye stimule la circulation sanguine et lymphatique, élimine les toxines, régénère le corps, chasse les insomnies, atténue les douleurs, supprime les tensions musculaires et autres maux courants, assouplit les articulations, etc.

Just Care, biotyroom
Plateau Mont-Royal, 514-903-2172, www.justcare.wordpress.com

■ Lomi Lomi

Au rythme des chants et des percussions, le massage Lomi Lomi était pratiqué par les *Kahunas* (guérisseurs) dans les temples hawaïens lors de rituels sacrés. Autour des quatre éléments (l'air, le feu, la terre et l'eau), ce massage à l'huile alterne pressions glissées des mains et des avant-bras, étirements délicats, acupression et pétrissages. Il procure un réel lâcher-prise et dynamise le système énergétique du corps. *Aloha Mana*, le divin pouvoir de l'amour, décrit à merveille l'essence de cet art ancestral.

Studio Bliss
3841 boul. St-Laurent, Plateau Mont-Royal, 514-286-0007, www.studiobliss.ca,
Ⓜ Saint-Laurent

Zensations
Mile-End, 514-495-1691, www.zensations.ca

■ Massage de la femme enceinte

Telle une préparation à l'accouchement, il permet à la future maman d'être encore plus à l'écoute de ses sensations physiques, de mieux se sentir dans sa peau, de prendre conscience de l'importance du contact corporel. Le massage prénatal s'effectue à partir du 3e mois de grossesse et offre de nombreux bienfaits. Il apaise le système nerveux, diminue les œdèmes et gonflements, améliore la circulation sanguine et lymphatique, aide à alléger les tensions et douleurs et donne un regain d'énergie.

Bébé D'abord
514-808-2541, www.bebedabord.ca

Clinique Tricia Van Der Walde
5252 boul. De Maisonneuve O., Westmount, 514-349-0490,
www.bodytonemassage.com, Ⓜ Vendôme

Massage prénatal
514-880-4832, www.massageprenatal.com

■ Massage pour bébés

Après la chaleur du ventre maternel, le nouveau-né a besoin d'être bercé, caressé et massé.

Aloha Yoga
6089 rue Chateaubriand, Petite-Patrie, 514-962-5642, www.alohayoga.ca,
Ⓜ Rosemont

Bébé D'abord
514-808-2541, www.bebedabord.ca (formation à domicile ou en groupe)

Yoga ManuShanti
4416 boul. St-Laurent, Plateau Mont-Royal, 514-569-0700,
www.yogamanushanti.com, Ⓜ Mont-Royal

Yoga Maternité
5149 rue St-Denis, Plateau Mont-Royal, 514-271-0853, www.yogamaternite.com,
Ⓜ Laurier

■ Navarakizhi ou Pinda Sweda

Le corps, préalablement huilé, est massé avec des baluchons (*kizhi*) composés de riz cuit dans une décoction de lait chaud et de plantes médicinales. Cette variété de riz, le *navara*, est réputée pour ses propriétés anti-neuropathiques. Le massage se pratique par des mouvements de rotation, pressions et frottements, en insistant sur les articulations. À la fois équilibrant et revitalisant, le Navarakizhi est bénéfique pour les douleurs articulaires et osseuses, les rhumatismes chroniques et la faiblesse du système nerveux.

Spa Zazen
209 rue St-Paul O., Vieux-Montréal, 514-287-1772, www.spazazen.com,
Ⓜ Place-d'Armes

■ Nuad Bo Rarn

Vieux de plus de 2 500 ans, ce massage traditionnel, créé par un médecin bouddhiste indien, puise ses racines dans la sagesse de la médecine ayurvédique. Transmis de maître à élève, il est essentiellement enseigné dans les temples, notamment celui de Wat Phô, à Bangkok. Il se compose d'un enchaînement de mobilisations, étirements, pétrissages musculaires, compressions circulatoires, pressions des paumes, pouces et coudes, sur les lignes d'énergie appelées *sen*, raison pour laquelle il est souvent appelé « Thaï Yoga Massage ». Particulièrement recommandé en cas de fatigue, tensions musculaires, blocages et autres maux courants (stress, insomnies, problèmes digestifs, circulatoires...), il se pratique au sol, le corps habillé de vêtements confortables. Avant de commencer le soin, le praticien récite une prière afin que l'esprit du maître Shivago Kormapaj, considéré comme le père de la médecine thaïlandaise, protège le patient et le garde en bonne santé.

Lanna Thai Massage
5365A av. du Parc, Mile-End, 514-750-2113, www.massagelannathai.com, ⓜ Laurier

Lotus Palm, Spa et école
5244 rue St-Urbain, Mile-End, 514-270-5713, www.lotuspalm.com, ⓜ Laurier

Thai Massage, Span Selakun
5832 rue Waverly, Mile-End, 514-271-6956, ⓜ Outremont

■ Nuad Thao

À l'aide d'un petit bâtonnet de buis et par pression des paumes et des pouces, associés au baume qui sent bon le camphre et le menthol, la jambe (des pieds aux genoux) est longuement massée et chaque point réflexe, stimulé. En agissant sur l'ensemble du corps, ce massage a de nombreux effets bénéfiques : il favorise la détente, améliore la circulation (jambes lourdes, rétention d'eau), élimine les toxines, les troubles digestifs…

Lanna Thai Massage
5365A av. du Parc, Mile-End, 514-750-2113, www.massagelannathai.com, ⓜ Laurier

Nuad Thao pour femmes
Plateau Mont-Royal, 514-523-1310, www.nuadthao.com, ⓜ Mont-Royal

■ Shiatsu

Influencé par le massage Tuina et An-mô, le massage shiatsu – littéralement «pression» (*atsu*) «avec les doigts» (*shi*) – est reconnu depuis 1955, par le ministère de la Santé du Japon, comme médecine à part entière qui le définit comme suit : une forme de manipulation qui utilise les pouces et les paumes des mains, sans aucun instrument mécanique ou autre, qui applique une pression sur la peau humaine, pour corriger le mauvais fonctionnement interne, favoriser et maintenir la santé et traiter les maladies spécifiques. Préventif et curatif, le shiatsu se pratique sur un futon, le corps habillé de vêtements légers.

Daphné Carru
Rosemont, 514-561-3669, www.daphnecarru.wordpress.com, ⓜ D'Iberville

L'égrégore
1989 rue Gilford, Plateau Mont-Royal, 514-791-7980, www.egregore.ca, ⓜ Laurier

Julie Rochon, acupuncture et massothérapie
6646 rue St-Denis, Petite-Patrie, 514-688-8885, ⓜ Beaubien

▪ Shirodhara

Un filet continu d'huile tiède coule sur le front dans un mouvement précis de va-et-vient. Accompagné d'un massage du cuir chevelu, ce soin majeur de la médecine ayurvédique est idéal contre les insomnies, les migraines, le manque de concentration et les pertes de mémoire.

Spa Zazen
209 rue St-Paul O., Vieux-Montréal,
514-287-1772, www.spazazen.com,
Ⓜ Place- d'Armes

▪ Tuina

«La main qui procure l'harmonie en poussant, en pressant, en stimulant, en mettant en mouvement», d'après les idéogrammes chinois. Au même titre que la pharmacopée et l'acupuncture, le Tuina est une discipline de la médecine traditionnelle chinoise. Ce massage doux et ferme élimine les blocages, rééquilibre le *Qi*, en alternant de multiples techniques (frottement, pétrissage, vibration, traction, pincement, roulement, pression). Il est particulièrement efficace pour soulager de nombreux maux courants (asthme, rhume, migraine, nervosité, troubles digestifs et circulatoires, etc.), douleurs musculaires et articulaires. Ce massage revigorant sans huile peut se pratiquer sur un corps nu ou habillé de vêtements amples.

Centre du bien-être corporel et yoga
4578 rue Havard, Notre-Dame-de-Grâce, 514-488-4544, www.yogaplus.net,
Ⓜ Villa-Maria

Serenissima
631 rue Lacasse, St-Henri, 514-939-5679, www.serenissima.ca, Ⓜ Place-St-Henri

▪ Watsu

Pratiqué dans une eau chauffée, ce massage, tel un retour à la vie fœtale, procure des sensations très apaisantes du fait du bercement et des ondulations sur l'eau, des points de pression sur les lignes des méridiens et des étirements. Ce soin ouaté dissipe toutes les tensions mentales et musculaires. On a l'impression d'être sur une autre planète. Idéal pour les femmes enceintes.

Clinique À Votre Santé
390 boul. St-Joseph E., Plateau Mont-Royal, 514-291-4192
www.cliniqueavotresante.ca, Ⓜ Laurier

Prenez les eaux

Pour une heure ou un après-midi, laissez-vous entraîner dans des lieux où vous goûterez, les sens en éveil, au plaisir du temps qui passe. Hammam, sauna et bain bouillonnant, voici un tour d'horizon de ces plaisirs qui coulent de source, sans quitter la ville ou presque.

■ *Bagna* russe ou *Bania*

À la campagne, ces bains de vapeur sont situés dans une petite cabane appelée isba, toute proche d'un lac ou d'une rivière, où chaque samedi les familles se réunissent. Ni trop sec, ni trop humide, le bagna ou *paritsia*, qui signifie « se vaporiser », apaise les corps fatigués et endurcis par le froid intense. Cette coutume sacrée ne change pas au fil du temps : « savonnage, rinçage, bain de chaleur entrecoupé de douches, plongeons glacés dans la rivière ou roulades dans la neige ». Pendant et après, les Russes se fouettent énergiquement le corps avec le *venik*, un bouquet de branches de bouleau, chaudes et humides, qui nettoie profondément la peau et stimule la circulation. Dans certaines villes, dont Moscou, ces établissements sont des joyaux architecturaux.

Izba Spa
1100 rue de la Montagne, centre-ville, 514-871-2444, www.izbaspa.qc.ca, Ⓜ McGill

■ Hammam

Qui va au hammam chaque semaine vivra centenaire. (dicton balinais)

Souvent comparé au ventre maternel, le hammam tient son nom du verbe *hamma* signifiant « chauffer » en langue arabe. Lieu de sérénité, de liberté, de chuchotements, de confidences, de transmissions, d'échanges, on y vient à la fois pour nettoyer son corps et son âme « comme si l'art de la beauté conduisait à la spiritualité », le but n'étant pas de transpirer mais de goûter à la douceur de vivre, au silence intérieur, à la célébration des sens.

La séance

Après une douche tiède, on entre dans la chambre de vapeur, dont la température oscille entre 45°C et 50°C. Saturée d'humidité, elle sent bon l'eucalyptus, aux propriétés décongestionnantes et antiseptiques. Ici le temps s'arrête. La chaleur enveloppante embrume l'esprit, décontracte les corps et ouvre les pores. Après une vingtaine de minutes dans les vapeurs, on

est prêt à recevoir un gommage pour éliminer en profondeur les impuretés et faire peau neuve.

Les bienfaits

- Détente musculaire.

- Soulage les douleurs articulaires et rhumatismales.

- Favorise le sommeil.

- Nettoie la peau en profondeur.

- Active la circulation sanguine.

- Régénère le corps. Les pores se dilatent et les toxines s'évacuent. Les courbatures et les tensions disparaissent.

Contre-indications*

Excepté pour les femmes enceintes (et pourtant en Orient, c'est au hammam que les futures mères venaient assouplir leurs chairs pour mieux se préparer à l'accouchement), et ceux qui ont quelques pathologies lourdes comme de l'insuffisance cardiaque, des infections aiguës ou des tumeurs malignes, la pratique régulière du hammam est excellente pour ressourcer le corps et l'esprit.

À moins de l'avis contraire d'un médecin.

Rain Spa
55 rue St-Jacques, Vieux-Montréal, 514-282-2727, www.rainspa.ca, ⓜ Place-d'Armes

Spa Mont St-Hilaire
641 ch. de la Montagne, Mont-St-Hilaire, 514-666-6772, www.spamontst-hilaire.com

Strom Spa
1001 boul. de la Forêt, Île-des-Sœurs, 514-761-2772, www.stromspa.com

Scandinave Les Bains Vieux-Montréal
71 rue de la Commune O., Vieux-Montréal, 514-288-2009,
www.scandinavemontreal.com, ⓜ Place-d'Armes

Studio Beauté du Monde
1455 Drummond, local 2F, centre-ville, 514-841-1210,
www.studiobeautedumonde.com, ⓜ Peel

■ L'expérience thermique, alternance chaud-froid

Surnommé «le docteur de l'eau», l'abbé allemand Sebastian Kneipp, atteint d'une tuberculose pulmonaire, élabora une méthode naturelle et simple reposant sur cinq piliers, dont l'hydrothérapie : l'alternance de bains chauds et froids. Préventive et curative, cette thérapie de la fin du XIXe siècle est encore aujourd'hui conseillée par bon nombre de médecins.

La séance

Après vous être rincé sous la douche, vous pouvez commencer votre expérience. Une immersion de 15 min dans une source chaude à plus de 39°C (bain de vapeur, bain à remous ou sauna) entraîne une vasodilatation et procure un effet relaxant. S'ensuivent une immersion rapide, en débutant par les pieds et les jambes jusqu'au

Du bon usage des termes...

« Bains ou spas nordiques » sont des expressions erronées ; le terme plus approprié est « expérience thermique ».

La thermothérapie désigne l'ensemble des techniques thérapeutiques utilisant la chaleur.

La cryothérapie désigne l'ensemble des techniques thérapeutiques utilisant le froid.

sommet du crâne, ou des applications localisées dans un bain d'eau froide, entre 5°C et 17°C (chute, bassin, douche, rivière ou lac), de quelques secondes à moins d'une minute pour un effet stimulant. Le froid provoque une vasoconstriction, permet de refermer les pores. Pour rééquilibrer la température du corps, un repos dans un endroit où il ne fait pas froid, d'une quinzaine de minutes ou plus, s'impose. Le corps et l'intellect se relâchent. Répétez ces étapes au moins trois fois. En quittant le sauna, rincez-vous à l'eau sans savon (avec le savon, cela aurait pour effet d'obstruer les pores) et séchez-vous. Après plusieurs traitements d'eau, il est essentiel de nourrir sa peau en profondeur par un soin ou une application d'huile hydratante.

Il est également conseillé de boire de l'eau peu minéralisée et non glacée, selon vos besoins.

Bienfaits de cette gymnastique vasculaire

- Diminue les tensions nerveuses.
- Procure une profonde et agréable sensation de bien-être.
- Soulage les douleurs musculaires.
- Améliore la circulation sanguine.
- Aide le métabolisme à éliminer les toxines.
- Renforce le système hormonal et immunitaire.

Contre-indications*

Excepté pour les femmes enceintes et ceux qui ont quelques pathologies lourdes comme de l'insuffisance cardiaque, des infections aiguës ou des tumeurs malignes, la pratique régulière des bains chauds et froids est excellente pour ressourcer le corps et l'esprit.

* À moins de l'avis contraire d'un médecin.

Spa Mont St-Hilaire
641 ch. de la Montagne, Mont-St-Hilaire, 514-666-6772, www.spamontst-hilaire.com

Strom Spa
1001 boul. de la Forêt, Île-des-Sœurs, 514-761-2772, www.stromspa.com

Scandinave Les Bains Vieux-Montréal
71 rue de la Commune E., Vieux-Montréal, 514-288-2009,
www.scandinavemontreal.com, Ⓜ Place-d'Armes

■ Sauna finlandais

D'abord, construis ton sauna, ensuite ta maison. (dicton finlandais)

Considéré comme l'emblème de la Finlande, le sauna n'est pourtant pas une invention finlandaise. Née en Asie centrale il y a plus de 2 000 ans, cette pratique a lentement transhumé vers le nord de l'Europe par la Russie, la Mongolie et la Laponie. Cependant, c'est dans ce pays scandinave que la tradition a été conservée. Depuis ces temps anciens, elle occupe toujours une place prépondérante, voire sacrée dans la vie des Finlandais. On y accomplissait les rites de la vie. Cette pièce intime, propre, avec suffisamment d'eau, était le lieu idéal pour accoucher, faire des saignées et même nettoyer le corps des défunts. Chaque famille possède sa cabine de sauna, y compris dans les appartements, soit un sauna pour trois habitants.

L'expression «prendre le sauna» désigne à la fois le lieu d'ablutions et le processus de sudation qui se déroule en différentes étapes combinant chaleur, vapeur et ventilation. C'est cette unique amalgame que l'on nomme *löyly*, le grand secret de l'esprit du sauna.

Sobre et dépouillé, le sauna, construit en rondins à proximité d'un lac ou d'une rivière, est fabriqué à partir de bois d'épicéa finlandais et de bois d'abachi. Pour conserver la température, les roches doivent être souvent humidifiées d'eau. Auparavant, des plantes étaient macérées dans l'eau pour aromatiser la vapeur et en augmenter les effets relaxants. La plupart des saunas publics sont situés près d'un lac pour se baigner entre deux séances. La tradition comprend également la fustigation avec des branches de jeunes bouleaux feuillues liées ensemble, appelées *vihta* ou *vasta* selon les régions. Se fouetter doucement le corps avec ces rameaux trempés dans l'eau et chauffés sur les pierres a pour but d'activer la circulation sanguine, de contribuer à l'élimination des impuretés et de laisser sur la peau une douce odeur. Lieu de détente et de méditation, le sauna est généralement partagé en famille ou entre amis.

La séance

Un sauna sans *löyly* n'existe pas en Finlande. Sa température varie entre 70°C et 100°C avec une humidité relative de 15% à 30%. Au cours du bain, on varie le degré de chaleur et d'humidité afin de stimuler l'organisme tout entier.

Le processus de sudation se déroule en plusieurs parties. Avant d'entrer dans le sauna, se doucher pour fins d'hygiène et pour préparer le corps à la chaleur, puis se sécher. Prendre place sur l'une des banquettes, assis sur une petite serviette. Si la chaleur est trop intense, s'installer sur les bancs inférieurs. Verser une louche d'eau froide sur les pierres brûlantes est l'élément incontournable d'un authentique sauna finlandais. La chaleur sèche, dépourvue de vapeur, ferme les pores bloquant ainsi le processus de transpiration. Après 10 à 15 min, prendre un bain d'eau fraîche ou froide de quelques secondes en commençant par les pieds et les jambes. Se sécher et s'allonger dans la salle de repos pendant une quinzaine de minutes. Renouveler l'expérience. Au fil de la séance, augmenter l'intensité en versant deux ou trois louches d'eau froide sur les roches. Après 10 à 15 min, terminer par la douche fraîche ou une immersion dans la rivière pendant quelques secondes. Puis repos pour une meilleure récupération d'énergie. Au besoin, renouveler l'expérience une troisième fois.

Rester toujours attentif aux signaux envoyés par le corps. Celui-ci ne ment pas, mais l'esprit peut jouer des tours.

Il est conseillé de boire de l'eau faiblement minéralisée et non glacée.

Bienfaits

- Un antidote à la fatigue et aux douleurs.

- L'alternance de la chaleur, du refroidissement et du repos stimule la circulation sanguine et renforce les mécanismes de défense immunitaires.

- Nettoie et purifie la peau en profondeur.

- Diminue les tensions nerveuses.

- Favorise un sommeil régénérateur.

- C'est aussi la convivialité entre amis et en famille.

Contre-indications*

Excepté pour les femmes enceintes et ceux qui ont quelques pathologies lourdes comme de l'insuffisance cardiaque, des infections aiguës ou des tumeurs malignes, la pratique régulière du sauna est excellente pour ressourcer le corps et l'esprit.

* À moins de l'avis contraire d'un médecin.

Spa Mont St-Hilaire
641 ch. de la Montagne, Mont-St-Hilaire, 514-666-6772, www.spamontst-hilaire.com

Strom Spa
1001 boul. de la Forêt, Île-des-Sœurs, 514-761-2772, www.stromspa.com

Scandinave Les Bains Vieux-Montréal
71 rue de la Commune O., Vieux-Montréal, 514-288-2009,
www.scandinavemontreal.com, Ⓜ Place-d'Armes

Bon pour le corps, bon pour l'esprit... Et si l'on prenait une tasse de thé

Blanc régénérant, vert antioxydant ou noir stimulant, le thé est la boisson la plus consommée au monde après l'eau. Considérée comme un aliment aux multiples bienfaits, cette plante, naturellement riche en polyphénols, possède un pouvoir antioxydant 200 fois supérieur à la vitamine E. Le thé contribue au ralentissement des signes du temps, favorise la digestion, limite l'absorption des graisses et prévient les maladies cardio-vasculaires. Sa teneur en caféine dépend à la fois de la feuille utilisée, de la saison de la récolte et des variations climatiques. Voici une sélection de boutiques, salons ou maisons de thé à Montréal. Expert ou novice, laissez-vous émerveiller. La plupart de ces adresses proposent des ateliers, conférences et événements gastronomiques.

Camélia Sinensis
351 rue Emery, Quartier latin, 514-286-4002,
www.camellia-sinensis.com, Ⓜ Berri-UQAM
7010 rue Casgrain, Petite-Patrie, 514-271-4002,
www.camellia-sinensis.com, Ⓜ Jean-Talon

DAVIDsTEA
1207 av. du Mont-Royal E., Plateau Mont-Royal, 514-527-1117, www.davidstea.com, Ⓜ Mont-Royal
Exclusivement des thés biologiques et biodynamiques.

Esprithé
112 av. Laurier O., Plateau Mont-Royal, 514-273-4087, www.esprithe.com, Ⓜ Laurier

Maison de thé Cha Noir
4646 rue Wellington, Verdun, 514-769-1242, www.cha-noir.com, Ⓜ De l'Église

Beauté bio et engagée

À déguster
à la petite cuillère

La peau, c'est 2 m² à protéger et à embellir... le plus grand organe du corps humain, un tissu perméable, précieux et fragile que chacun s'efforce de chouchouter. Du bout des pieds à la racine des cheveux; les produits de beauté sont en vente partout. Que ce soit par internet, dans les supermarchés, les pharmacies ou les boutiques spécialisées, il existe un choix plantureux de petits pots, de baumes ou encore de crèmes antirides évoquant mille et une vertus (plus ou moins imaginaires) qui sont en réalité toxiques pour le corps (chute du nombre de spermatozoïdes viables, stérilité accrue, système immunitaire affaibli, etc.) et la planète. Face à cette duperie, une nouvelle cosmétique à base de substances biologiques se développe et se multiplie, encadrée par des labels plus ou moins exigeants (certains se contentent d'un minimum d'ingrédients bios). Cependant, restez vigilant car de grands industriels de la cosmétique traditionnelle souhaitent se positionner sur ce créneau en pleine révolution. Alors, à vous qui refusez d'être traité comme un rat de laboratoire, ouvrez l'œil et prenez le temps de lire les étiquettes avant d'acheter le flacon. Pour vous aider dans toute cette offre abondante, consultez notre sélection d'adresses bios, astuces, conseils et recettes.

Cosmétique naturel et bio, est-ce pareil?

Non. Si un produit bio est forcément naturel, l'inverse n'est pas vrai. Les cosmétiques bios contiennent des matières premières (huiles, plantes, fleurs, aloe vera…) sauvages ou cultivées selon les règles de l'agriculture bio. De la cueillette à la transformation, en passant par l'emballage, la gestion des rejets et déchets du fabricant, entre autres, chaque étape doit être certifiée, ce qui permet ainsi de vérifier la traçabilité du produit.

Les cosmétiques bios sont garantis:

- Sans silicone
- Sans laureth sulfate de sodium et lauryl sulfate de sodium
- Sans PEG (polyéthylène glycol)
- Sans PPG (polypropylène glycol)
- Sans BHT (butyl-hydroxytoluène)
- Sans BHA (butyl-hydroxyanisole)
- Sans phtalates
- Sans parabens
- Sans alcool ni parfum de synthèse
- Sans glycérine, paraffine, vaseline
- Sans produits de synthèse
- Sans organismes génétiquement modifiés (OGM) ni composants irradiés
- Non testés sur les animaux
- Emballage respectueux de l'environnement

Comment reconnaître un cosmétique bio?

Par son label et sa certification. Les normes sont variables d'un pays à l'autre, d'un label à l'autre. Voici quelques certifications pour faire un choix plus éclairé.

■ «Cosmébio, label bio»

Mis au point par Écocert, organisme indépendant agréé par l'État français, en charge de la certification des cosmétiques depuis 2002, ce label garantit qu'au moins 95% des ingrédients sont naturels ou d'origine naturelle et que 10% des ingrédients sont bios. Par contre, certains conservateurs sont autorisés : benzoate de sodium ; acide benzylique, acide sorbique, acide salicylique, acide benzoïque, acide déhydroacétique et sorbate de potassium.

www.cosmebio.org

■ Nature et Progrès

Pionnière de l'agriculture biologique en France, cette fédération internationale regroupe des professionnels et des consommateurs. En 1998, Nature et Progrès édite le premier référentiel biologique sur le marché français des cosmétiques naturels, en créant le label «Cosmétique bio écologique» dont le cahier des charges est le plus exigeant et le plus transparent sur le marché. Pour obtenir la certification, les fabricants s'engagent à respecter un cahier des charges dont 100% des composantes sont biologiques.

www.natureetprogres.org

■ USDA Organic

Ce label du ministère de l'agriculture des États-Unis est très exigeant car il n'autorise aucune substance synthétique. Pour afficher le logo USDA Organic, deux catégories sont disponibles : soit «100% Organic», ce qui signifie que la totalité des ingrédients sont bios, à l'exception de l'eau et du sel, soit «95% Organic», ce qui signifie que le produit contient au moins 95% d'ingrédients issus de l'agriculture bio.

www.usda.gov

Composition d'un produit cosmétique

À l'exception du parfum et des eaux de toilette, chaque fabricant se doit d'imprimer la liste INCI (International Nomenclature of Cosmetic Ingredients) sur chaque petit pot afin d'en faire connaître la composition. Écrits en caractères souvent minuscules et illisibles, les ingrédients sont classés par ordre décroissant, sans en préciser le pourcentage. Les produits cosmétiques sont composés de façon identique ou presque : excipients, principes actifs et additifs. Les langues utilisées demeurent le latin pour les ingrédients naturels, l'anglais pour les ingrédients d'origine naturelle qui ont subi une transformation et pour les ingrédients de synthèse (issus de la chimie). Contrairement à la cosmétique traditionnelle, la cosmétique bio met l'accent sur la qualité, la quantité et l'origine de ces matières premières, le procédé de transformation et de fabrication, l'emballage recyclable ou biodégradable.

■ Un excipient

Un excipient est la base la plus importante : 80% de l'efficacité du produit, quantitatif et qualitatif, dépend de l'excipient. Il joue un rôle primordial pour équilibrer, maintenir l'humidité,

> *La peau se gorge d'environ 60% des substances qui y sont appliquées, ce qui veut dire que le corps peut absorber jusqu'à 2 kg de produits synthétiques par année.*

protéger du dessèchement et restaurer la barrière hydrolipidique. L'excipient facilite la diffusion puis l'absorption du principe actif dans notre épiderme. Un bon excipient soigne la peau, évite les allergies et/ou les comédons. Sans excipient de haute qualité, les agents actifs, même les plus performants ne sont d'aucune utilité. Dans la plupart des cas, l'excipient est composé de plusieurs substances : aqueuse pour hydrater (l'eau ou l'aloès par exemple), huileuse et/ou cires pour nourrir et émulsifiants.

Cosmétique bio : substance aqueuse : eau de source, eaux florales ou aloès. Huile/cire : végétale première pression à froid, cire d'abeille, beurre de karité... qui sont naturellement gorgés de principes actifs, stimulant les capacités de la peau à se régénérer.

Cosmétique traditionnelle : eau non purifiée et cires de silicone : diméthicone, triméthicone et autres composés se terminant par «cone» (nocives pour l'environnement) ou huiles minérales synthétiques qui proviennent des déchets purifiés de l'industrie pétrolière (paraffine, *paraffinium liquidium*, ozokérite, *cera microcristallina, petrolatum* ou vaseline). Ces huiles, sans aucune propriété nutritive, sont faciles à travailler et bon marché. L'Organisation mondiale de la santé a prouvé que les huiles minérales empêchent la peau de respirer. Les toxines et les déchets sont donc stockés dans l'organisme et endommagent le foie.

* Note sur la lanoline : produite à partir de suint de mouton, présente souvent des traces de nickel (considéré comme allergène). Peut être utilisée comme excipient dans les produits cosmétiques bios.

■ Des émulsifiants ou tensio-actifs

Les émulsifiants ou tensio-actifs permettent aux ingrédients aqueux et huileux de se mélanger pour former une émulsion. Ils jouent un rôle déterminant pour obtenir les textures voulues et sont d'importants agents stabilisants.

Cosmétique bio : émulsifiants d'origine végétale, par exemple : alcool cétyl-stéarylique, alcool cétylique, stéarate de glycérile, les gélifiants (gomme de guar, agar-agar, gomme d'acacia...), bétaïne de coco, lécithine de soya, amidon de riz, etc.

Cosmétique traditionnelle :

- Acétanilide : agent stabilisateur utilisé dans les parfums et les préparations. Douteux sur le plan toxicologique.

- Acide estéarique : obtenu du gras animal.

- Les APE (alkyphénol éthoxylate) sont identifiés comme perturbateurs endocriniens. Le plus controversé demeure le nonylphénol.

- Les PEG (polyéthylène glycol) et PPG (polypropylène glycol) sont des émulsifiants qui ont la consistance d'un liquide ou d'une cire. Peu coûteux, ils s'associent aussi bien à l'eau qu'à l'huile. Ils sont élaborés à partir de gaz employé comme gaz de combat – hautement réactif, toxique – et d'un procédé chimique très inflammable, l'éthoxylation. Les PEG provoquent allergies et acné, tandis que les PPG ont les mêmes propriétés que l'huile utilisée pour les freins, fluides hydrauliques et antigels industriels. Les PEG et les PPG sont des perturbateurs endocriniens démontrés avec risque de malformations fœtales. Plus leur chiffre est élevé, ex. : PEG - 75, plus ils sont réactifs.

- SLS (*sodium lauryl sulfate* ou laurylsulfate de sodium) : dégraissant pour la peau. Responsable d'irritations cutanées et allergiques de la peau, des yeux et des muqueuses.

- SLES (*sodium laureth sulfate* ou *sodium lauryl ether sulfate* ou laureth sulfate de sodium) : le *th* de «laureth» montre sa forme éthoxylée. Il est légèrement moins irritant que le SLS, mais peut être plus asséchant. Il est contaminé avec un cancérigène très violent, la dioxane, et est très facilement absorbé par la peau.

■ Des principes ou agents actifs

Les principes ou agents actifs sont reconnus pour leurs nombreuses propriétés et vertus. Un produit bio contient généralement 35% de principes actifs contre à peine 1% pour un produit traditionnel.

Cosmétique bio : les algues, l'aloès (stimule la production de collagène, d'élastine et accélère le processus de renouvellement cellulaire), les extraits naturels de végétaux (romarin, ginkgo biloba, thé vert, etc.), la gelée royale, l'argile, les minéraux (dioxyde de titane pour les filtres solaires).

Ne pas confondre les composés d'aluminium (chlorure ou chlorhydrate d'aluminium) utilisés en cosmétique traditionnelle : les sels d'aluminium sont des bactéricides utilisés dans les déodorants, fortement suspectés dans le cancer du sein et la maladie d'Alzheimer. Les aluns, poudre cristalline provenant des schistes aluneux, sont fréquemment utilisés dans les déodorants de produits cosmétiques bios.

La pierre d'alun naturelle est identifiée comme *potassium alum*. Ne contenant ni liant chimique, ni colorant, ni conservateur, ni parfum, elle est inodore et ne tache pas les vêtements.

La pierre d'alun synthétique, provenant principalement de Thaïlande, est identifiée comme *ammonium alum*, fabriqué à base de sel d'ammonium $(NH_4)_2SO_4$, sous-produit de l'industrie chimique de nylon.

Cosmétique traditionnelle :

- AHA (*alpha hydroxy acid* ou acide alpha hydroxylé), utilisé par les dermatologues pour les traitements contre l'acné ou les dartres. Ces produits sont très irritants pour la peau puisqu'ils éliminent la barrière protectrice de l'épiderme. À employer avec beaucoup de précaution. S'ils sont utilisés en concentration trop élevée, ils peuvent causer irritations, brûlures, rougeurs, eczéma et allergies.

- Le collagène est une protéine du tissu conjonctif présent dans l'organisme humain et animal, responsable de la fermeté et de l'élasticité de la peau. Très courante en cosmétologie, cette protéine fibreuse, d'origine bovine, censée rajeunir, crée une barrière puisque insoluble et trop grosse pour pénétrer à l'intérieur du tissu conjonctif. À la suite du scandale de la vache folle, certaines marques de cosmétiques utilisent le collagène extrait de la peau de carpe argentée.

Quelques vérités bonnes à rappeler concernant les huiles essentielles

Depuis la nuit des temps, on vénère et exploite ces substances volatiles, éthériques et odorantes, aux pouvoirs (presque) infinis, obtenues par distillation à la vapeur d'eau ou par extraction mécanique de fruits. En 20 à 30 min, ces «esprits des feuilles ou âme des fleurs, d'une baie ou encore sang d'une sève» se retrouvent dans le sang. Il est donc important de bien lire les étiquettes et de choisir des huiles essentielles biologiques, car si elles concentrent tous les bienfaits des plantes, fruits, semences, bois, etc., elles fixent également tous les produits chimiques. En beauté, elles sont souvent mélangées aux huiles végétales de première pression qui servent de moyen de transport, adoucissent leur parfum et servent de conservateurs. Si puissantes, concentrées de principes actifs généraux (antiseptiques, désintoxicantes, revitalisantes et électives) et spécifiques, les huiles essentielles peuvent être irritantes à doses trop importantes. Vous pouvez même en ajouter quelques gouttes dans vos préparations culinaires.

■ Des additifs

Les additifs sont très variés (colorants, conservateurs, antioxydants). Ils stabilisent les préparations ou modifient les caractéristiques, par exemple pour colorer, parfumer et conserver.

Cosmétique bio: certaines huiles végétales de première pression à froid et huiles essentielles 100% pures sont d'excellents conservateurs. La vitamine E (tocophérol) empêche l'oxygène de dégrader les produits. L'acide phytique, extrait du son de blé ou de riz, stabilise les préparations et les protège de l'oxydation.

Cosmétique traditionnelle:

- Les BHA (E320) et BHT (E321): antioxydants synthétiques utilisés pour éviter que les huiles ne rancissent. Le Centre international de recherche sur le cancer (CIRC) classe cette substance parmi les cancérigènes possibles et susceptibles de perturber la fonction endocrinienne (effet œstrogénique).

- Les phénoxyéthanols sont toxiques pour l'appareil reproducteur. Ces conservateurs ne sont pas biodégradables.

- Les nitrosamines*, connues sous le nom de «nitrosdiéthanolamines», sont classées substances cancérigènes par l'Organisation mondiale de la santé. Elles sont présentes dans les shampooings, savons liquides, bains moussants, lotions corporelles, protections solaires à base de PABA, également dans l'alimentation, le caoutchouc, le tabac, etc. Rapidement absorbées par la peau, elles s'accumulent dans les organes. À éviter: TEA, DEA, MEA, PABA, etc. Les

TEA, DEA et MEA servent à ajuster ou à stabiliser le pH. Le PABA est utilisé comme filtre contre les rayons UVA et UVB.

* Une interaction entre agents de conservation (nitrites ou nitrates) et autre substance comme le TEA, le DEA ou le MEA.

- Les parabens : conservateurs synthétiques qui, à des degrés variables, perturbent les systèmes endocrinien et reproducteur. Haut pouvoir allergisant. Par exemple : éthylparaben, butylparaben, isobutylparaben, méthylparaben, propylparaben, etc.

- Les phtalates : agents fixateurs, cachés par le terme générique « parfum » ou « fragrance » sur l'étiquette. Classés toxiques pour le système reproducteur, le foie, les reins, les poumons. Les DEHP (diethylhexylphtalate) et DBP (dibutylphtalate) sont classés les plus dangereux. Le DEHP provoque des troubles du développement des testicules et perturbe les hormones du foie. Le DEP, modificateur du système endocrinien (atteinte à l'ADN du sperme), est fréquemment utilisé comme dénaturant de l'alcool contenu dans les parfums. Il est interdit dans les jouets en plastique. Les phtalates sont souvent utilisés dans les peintures, les encres, les vernis et les adhésifs. Selon les Amis de la Terre : « Ils sont persistants et bioaccumulatifs, en plus d'être polluants et répandus dans l'environnement et le corps humain. On les retrouve par exemple dans le lait maternel. »

- Le chlorhydrate d'aluminium (sel d'aluminium) et le triclosane sont des bactéricides utilisés dans les déodorants. Le chlorhydrate d'aluminium empêche la sueur de s'évacuer et peut, par une utilisation répétée, endommager les glandes sudoripares. Soupçonné de forte toxicité, le chlorhydrate d'aluminium est incriminé dans le cancer du sein et très fortement suspecté dans la maladie d'Alzheimer (effet cumulatif dans le cerveau). Quant au triclosane, il s'agit d'un produit chloré hautement réactif pouvant perturber le bon fonctionnement du foie. Présents dans les savons, dentifrices et déodorants.

- Les formaldéhydes (produits de soins buccaux, vernis, durcisseur d'ongles) sont reconnus comme substances allergènes et cancérigènes. Leur taux ne doit pas dépasser 0,2 % pour la conservation, 0,1 % dans les produits de soins buccaux et 5 % dans les durcisseurs d'ongles. Lors d'un contact prolongé avec l'eau, certaines substances libèrent des formaldéhydes : DMDM, hydantoïne, bronopole, quarternium-15, bronopol.

- Le propylène glycol est un puissant irritant de la peau. Il peut causer des déformations du foie et des dommages rénaux. Présent dans les lotions corporelles, déodorants, shampooings, gels coiffants, crèmes, maquillage... il est également utilisé comme antigel industriel.

- Les éthers de glycol : phénoxyéthanol, butoxyéthanol, éthoxydiglycol... Depuis les années 1980, de nombreuses recherches ont démontré leurs effets irritants, toxiques sur le développement de l'embryon et les fonctions de reproduction. Ce sont des solvants dérivés soit de l'éthylène glycol ou du propylène glycol. Présents dans de nombreux produits : peintures, vernis, colles, agents d'entretien, cosmétiques...). À éviter : EGEE, EGME, DEGME, 2PGME, etc.

- Les EDTA (*ethylene-diamino-tetra-acetate* ou acide éthylène diamine tétra acétique) sont difficilement dégradables. Principalement employés dans les savons, shampooings, gels douche et démaquillants, ils ont pour caractéristiques de fixer les métaux lourds, par exemple. Les composés de muscs artificiels, qui contribuent à la fragrance des parfums, se fixent dans les tissus. Les muscs nitrés sont de moins en moins produits à cause de leur toxicité pour l'environnement et la santé. Les muscs polycycliques sont fortement déconseillés par les spécialistes.

- Les amines aromatiques sont des substances de base des colorants d'oxydation. Substances toxiques, responsables d'eczéma, d'allergies, elles sont suspectées d'accroître les risques de cancer. Les colorants azoïques, à base de goudron synthétique, sont particulièrement critiques sur le plan toxicologique.

Pour plus de renseignements, avec comparatifs et classement de plusieurs produits cosmétiques, téléchargez le *Guide Cosmetox* de Greenpeace : www.greenpeace.org/raw/content/france/vigitox/documents-et-liens/documents-telechargeables/guide-cosmetox.pdf.

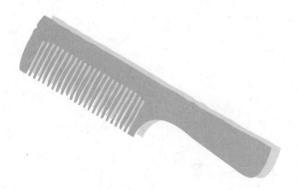

Bons gestes

1 Jamais sans ma DivaCup

Véritable solution aux serviettes hygiéniques et aux tampons jetables, cette petite coupe en forme de cloche, souple et transparente, fabriquée en silicone hypoallergénique, est le produit d'hygiène féminine le plus économique et écologique. Toutes les quatre à huit heures selon votre flux menstruel, retirez, videz et rincez à l'eau chaude la DivaCup. Les menstruations terminées, stérilisez-la.

En vente dans les épiceries naturelles et les boutiques bios.

2 Que se cache-t-il derrière l'étiquette ?

Après l'huile de soja, l'huile de palme représente la seconde production mondiale. Autant prisée par l'industrie de l'énergie, agro-alimentaire et cosmétique, cette matière première représente un tiers de l'huile produite mondialement. La culture des palmiers à huile a des conséquences dramatiques sur les populations locales et l'environnement : déboisement intensif, conversion de terres forestières, destruction des habitats, biodiversité menacée.... À boycotter.

3 La pharmacie des tout-petits

Saviez-vous que la production de sébum chez les bébés est beaucoup moins active que chez l'adulte ? Cette substance grasse lubrifie, imperméabilise, protège la peau des irritations et atteint sa pleine maturité chez les enfants vers l'âge de 8 à 10 ans. Les produits sélectionnés pour vos chérubins doivent être doux, non irritants, hydratants et choisis avec la plus grande attention. Bonne presse pour deux gammes montréalaises : Souris verte, la pharmacie nature des mamans et des petits, et les huiles et baumes Marisol Stevenson.

Souris verte, la pharmacie nature des mamans et des petits
www.sourisverte.ca

Huiles et baumes Marisol Stevenson
Disponible à la boutique Le Nid de la cigogne, 268 rue St-Viateur O., Mile-End, 514-276-6262, www.leniddelacigogne.ca, Ⓜ Laurier

Petit tour d'horizon de la cosm'éthique

Fabriquer et acheter équitable, c'est soutenir tous ces acteurs de la beauté qui agissent concrètement aux quatre coins du monde. Une histoire de conscience citoyenne où l'homme et la nature se retrouvent au cœur des échanges. Une réelle conviction que chaque achat contribue au soutien et au développement des communautés locales. Dans ce féroce océan de consommation, chaque goutte d'eau est vitale. Juridiquement, il n'existe pas de label «commerce équitable», même si Max Havelar se définit comme tel. Il existe plusieurs logos et systèmes rattachés à des organismes d'homologation qui se distinguent selon leur approche. Le processus de contrôle se réalise uniquement sur le produit (logo Max Havellar); l'organisation (logo FTO) ou mieux sur l'ensemble de la filière (logo Minga).

Le commerce équitable, c'est :

- Travailler en priorité avec les producteurs dans une démarche solidaire et durable.

- Minimiser les intermédiaires.

- Garantir un prix d'achat juste.

- Interdire le travail des enfants.

- Garantir des conditions d'hygiène et de sécurité.

- Favoriser la préservation de l'environnement et valoriser les savoir-faire traditionnels.

Planète Monde

65 av. Fairmount O., Mile-End, 514-504-9585, www.planetemonde.ca, ⊗ Laurier

À Montréal, la boutique Planète Monde est unique puisque entièrement dédiée à la beauté éthique. Sur les étagères, on retrouve des produits des quatre coins du monde : des beurres de karité, des exfoliants au café vert ou aux cristaux de sucre, des classiques d'Orient comme les savons d'Alep, composés d'huile d'olive et d'huile de laurier. Fabriqués selon un savoir-faire millénaire, séchés neuf mois à l'air libre, ces savons conviennent à tous les types de peaux, même les plus sensibles comme celles des bébés, et ils sont idéals pour le rasage.

Où remplir son cabas de cosmétiques bios et chics à Montréal ?

Nos adresses préférées

Dans ta bulle
316 av. du Mont-Royal E., Plateau Mont-Royal, 514-842-3019,  Mont-Royal

Dans ce petit lieu sans chichi de l'avenue du Mont-Royal se cachent les meilleures marques bios du Québec. La propriétaire se fait un devoir de dénicher des trésors de la cosmétique bio qui n'ont pas parcouru des milliers de kilomètres. Sur ses tablettes, retrouvez entre autres la marque CHANV de Sainte-Catherine-de-Hatley. Réputés pour ces vertus hydratantes, purifiantes et régénératrices, ces baumes et onguents à base d'huile de chanvre conviennent particulièrement aux peaux sensibles sujettes à la couperose, aux rougeurs et à l'eczéma. Autre gourmandise légère et aérienne à s'offrir : les beurres fouettés parfumés à l'orange et à la vanille de la marque montante Amarille. Pour ceux et celles qui souhaiteraient s'initier à la fabrication maison de produits pour le corps, la boutique propose également des ateliers.

La Loba
6293 rue St-Hubert, Petite-Patrie, 514-509-2818, www.laloba.ca, Beaubien

Entièrement dédiée aux mamans et aux tout-petits, la boutique La Loba est une véritable caverne d'Ali Baba où chaque produit est minutieusement choisi. Des huiles «belle bedaine» et des baumes de massage pour bébés de la marque canadienne Lyrae's Naturals aux lingettes démaquillantes en coton bio, en passant par les couches lavables, cette boutique recèle des trésors et solutions écologiques.

Mooka
3412 rue St-Antoine O., St-Henri, 514-509-7708, www.mooka.ca, Lionel-Groulx

Du beurre de karité, de l'huile d'olive, de l'avocat, le tout parfumé de lime fraîche, de goyave, de yuzu, de calendula... les savons, baumes corporels et bombes pétillantes pour le bain sont une véritable gourmandise pour le corps.

Ah ! Qu'on est bien quand on est dans son bain ! Henri Salvador

D'autres adresses à découvrir

Boutiques, grands magasins ou parapharmacies où trouver des cosmétiques bios.

Les Soins Corporels l'Herbier
27 ch. de la Montagne, Mont-St-Grégoire, 450-358-5902,
www.lessoinscorporelslherbier.com

KI Nature et Santé
4279 rue St-Denis, Plateau Mont-Royal, 514-841-9696, www.kinat.com, Mont-Royal
997 boul. St-Jean, Pointe-Claire, 514-695-7934

Murale
1 Place Ville Marie, centre-ville, 514-875-1593, www.murale.ca, Ⓜ Bonaventure

Un monde à vie
1075 montée Masson, Mascouche, 450-474-5078, www.mondeavie.ca

Pure Biologique
342A av. Victoria, Westmount, 514-504-8466, Ⓜ Vendôme

Pour une planète verte
1001 boul. Le Grand, Chambly, 450-715-1215, www.pouruneplaneteverte.com

Sens tes corps
6397 rue St-Hubert, Petite-Italie, 514-759-3881, www.senstescorps.ca, Ⓜ Beaubien

Savon Pop - Boutique et atelier
450 av. Beaumont O., Parc-Extension, 514-270-0539, www.savonpopulaire.ca, Ⓜ Parc

Smashing Cosmetica
694 rue Ste-Catherine O., centre-ville, 514-658-4227, www.smashingcosmetica.com,
Ⓜ McGill

La beauté sans chimie... sélection des meilleures adresses de spas bios à Montréal

Pour une heure ou un après-midi, rien de mieux qu'un soin divinement bio pour éveiller la peau et réveiller les sens.

Nubia Spa Vert
5344 boul. St-Laurent, Mile-End, 514-903-1344, www.nubiaspavert.ca, Ⓜ Laurier
Soufflez et pénétrez dans cet îlot de bien-être d'où le stress est banni. Pour une sensation de quiétude, laissez-vous imprégner par cette énergie minérale. Pour une alliance parfaite entre la nature, la relaxation et les soins du corps, cet espace a été conçu dans le respect de l'environnement.

Spa Dr Hauschka
1444 rue Sherbrooke O., centre-ville, 514-286-1444, www.spadrhauschka.com,
Ⓜ Guy-Concordia
Stimulation lymphatique aux pinceaux, applications de crème exfoliante et masque purifiant, le tout rythmé par un massage fluide, de la plante des pieds au sommet du crâne. Deux heures plus tard, la peau est repulpée et les traits détendus. Pour les adeptes des soins bios et glamour, c'est une adresse à conserver.

Spa Vert
1313 rue Shearer, Pointe-St-Charles, 514-716-8748, www.spavert.com, Ⓜ Charlevoix
Mention spéciale pour ce bâtiment industriel transformé en sanctuaire écologique. Dédié au bien-être et aux massages holistiques, loin de la frénésie urbaine et de la civilisation, le Spa Vert propose des soins qui réveillent les sens.

Ambrosia Centre de santé holistique
4150 rue Saint-Denis, Plateau Mont-Royal, 514 504-7886, www.ambrosia-sante.com,
Ⓜ Mont-Royal
À travers une variété de massages et de soins, le Spa Ambrosia vous invite à vous
ressourcer au cœur de son espace où s'accordent écologie et feng shui.

Spa Espace Nomad
4650 boul. St-Laurent, Plateau Mont-Royal, 514-842-7279, www.espacenomad.ca,
Ⓜ Laurier
Mariant démarche verte, exotisme et atmosphère paisible, les soins biologiques du
visage et du corps, les consultations en herboristerie et les massages enveloppants et
rééquilibrants du Spa Espace Nomad vous raviront littéralement.

Soins maison : des recettes et astuces autour des herbes, légumes et fruits du jardin

Ludiques, créatives, simples et efficaces... du potager à la cuisine, voici trois
recettes de beauté bio à préparer soi-même en quelques minutes. À vos fouets,
c'est le moment de passer à l'action.

▪ Poudre corporelle aux fines herbes

- ▪ 2 c. à table de graines de sarrasin (pour ses vertus purifiantes)
- ▪ 2 c. à table de graines de sésame (pour ses vertus nourrissantes)
- ▪ 1 poignée de feuilles de basilic
- ▪ 1 poignée de fleurs de camomille
- ▪ 1/2 c. à table de miel
- ▪ 1/2 c. à table de citron

Mélanger les ingrédients et ajouter le miel et le citron, puis tartiner le corps de
cette préparation gommante en effectuant des mouvements circulaires. Enlever
les résidus du gommage sous la douche.

▪ Lotion à la pulpe de cerises pour ses vertus anti-âge

- ▪ 3 c. à table de miel liquide
- ▪ 2 c. à table de pulpe de cerises

- 2 c. à table d'eau florale ou d'eau de source
- 1 c. à soupe de vodka (utilisée comme conservateur)

Laver, dénoyauter, puis écraser les cerises. Mélanger la pulpe, le miel liquide et la vodka. Laisser reposer 3 jours au frais. Filtrer et verser le liquide dans un flacon.

Cette lotion apaisante et astringente s'utilise matin et soir sur une peau nettoyée.

Autre astuce : pour tonifier l'épiderme et masquer les traits fatigués ou tirés, appliquer un masque à la pulpe de cerises. Laisser reposer 20 min et rincer à l'eau tiède.

■ Des tomates pour leurs vertus purifiantes

Réputées pour faire disparaître les points noirs et illuminer la peau. Couper des rondelles de tomates bios en tranches épaisses ou fines puis les déposer sur le visage. Laisser reposer entre 10 min (pour les peaux sèches) et 15 min (pour les peaux grasses). Rincer à l'eau tiède.

Où faire le plein de matières premières, d'huiles essentielles et d'herbes séchées ?

Beauté et bien-être vont de pair. Voici une sélection non exhaustive de lieux où acheter des herbes et des plantes, prendre part à un atelier de fabrication de cosmétiques ou consulter un herboriste. N'oublions pas ces mots de George Sand, romancière et écrivaine française : «La nature est éternellement jeune, belle et généreuse. Elle possède le secret du bonheur, et nul n'a su le lui ravir.»

Nos adresses préférées

Carrefour Santé

767 rue Rachel E., Plateau Mont-Royal, 514-524-7222, Ⓜ Mont-Royal
Entre les compléments alimentaires, les herbes, racines et fleurs séchées, on retrouve également des cosmétiques d'ici, comme le beurre de karité Delapointe, certifié bio et équitable, une mine de nutrition pour les peaux sèches. Merci Dame Nature.

Alchimiste en herbe
4567 rue St-Denis, Plateau Mont-Royal, 514-842-6880,
www.alchimiste-en-herbe.com,  Mont-Royal
Dans cet environnement apaisant de la rue Saint-Denis, on vous prodigue d'excellents
conseils pour adopter une bio-attitude tant à l'extérieur qu'à l'intérieur.

La bottine aux herbes, herboristerie et tisanerie
3778A rue St-Denis, Plateau Mont-Royal, 514-845-1225, www.bottineauxherbes.com,
 Sherbrooke
Cette petite officine nous rappelle que beauté et bien-être vont de pair. Conseils
adaptés, astuces de pros : vous repartez avec une myriade d'idées. Pour les curieux
et curieuses qui veulent découvrir plus profondément l'univers des plantes, ateliers et
conférences sont également proposés.

D'autres adresses à découvrir

Herboristerie Desjardins
3303 rue Ste-Catherine E., Hochelaga-Maisonneuve, 514-523-4860,
www.herboristeriedesjardins.com,  Joliette

Capucine Chartrand
5149 rue St-Denis, Plateau Mont-Royal, 514-271-0853, www.herboriste.info,  Laurier
Consultations en herboristerie et ateliers parents-enfants.

Centre Mona Hébert
951 rue Roy E., Plateau Mont-Royal, 514-523-0745, www.lamedecinedesfemmes.com,
 Sherbrooke
Spécialité : médecine des femmes.

Lana Kim McGeary
Plateau Mont-Royal, 514-284-3619
Marche d'identification des plantes médicinales et comestibles, ateliers de cosmétiques
bios.

Les Âmes Fleurs
Plateau Mont-Royal, www.lesamesfleurs.com
Consultation et ateliers d'herboristerie.

Les amis du Jardin botanique de Montréal
4101 rue Sherbrooke E., local A-206, Hochelaga-Maisonneuve, 514-872-1493,
www.amisjardin.qc.ca,  Pie-IX
Herboristerie amérindienne.

Mandala Spa urbain
6255 boul. Monk, Notre-Dame-de-Grâce, 514-769-6789, www.mandalaspaurbain.com,
 Monk
Consultation en herboristerie.

Des idées pour prendre soin de soi sans oublier la planète

1 Snobez le bain

Saviez-vous qu'il faut 200 litres d'eau pour remplir la baignoire contre 30 litres pour une douche de 4 à 5 min ?

2 Autour des dents

Les brosses à dents à tête interchangeable sont des solutions plus écolos.

3 Démaquillage 0 déchets

Pour une toilette douce et écolo, pourquoi ne pas oser se servir des lingettes démaquillantes en chanvre et en coton bio, et qui plus est, lavables à la machine ?

La Loba
6293 rue St-Hubert, Petite-Patrie, 514-509-2818, www.laloba.ca, Ⓜ Beaubien

4 Maquillage bio

Rouge à lèvres, mascara, fard à paupières, fond de teint et vernis à ongles... le maquillage bio étoffe et diversifie sa palette de couleurs et affine ses textures. À tester sans plus attendre.

Boutique Noblessence
950 rue Fleury E., Ahuntsic, 514-658-1753, www.noblessence.com, Ⓜ Sauvé
Fabriqués au Québec, ces cosmétiques sont disponibles à la boutique et en ligne. L'entreprise propose également des ateliers d'aromathérapie.

Rachelle-Béry
4810 boul. St-Laurent, Plateau Mont-Royal, 514-849-4118, www.rachelle-bery.com, Ⓜ Mont-Royal
Retrouvez la marque française de maquillage bio Couleur Caramel.

5 Coloration au naturel

Sans ammoniaque ni oxydants, la coloration végétale aux extraits de plantes et de pigments, 100% naturelle, donne de l'éclat et de la brillance tout en soignant et en gainant le cheveu.

Produits disponibles dans les magasins bios

6 Protection solaire, version bio

Il a été démontré que les protections solaires traditionnelles diluées dans l'océan et les lacs sont responsables de la destruction des micro-algues nécessaires à la survie des coraux, et qu'elles sont suspectées de modifier le sexe des poissons... et tout cela se répercute également dans nos assiettes. Privilégiez une crème à base de filtres minéraux, complètement biodégradable et fabriquée ici, au Québec.

Lou-Ange
www.louange.qc.ca

7 Parfumez-vous à l'eau de Jatamansi

Sans composés de synthèse, phtalates, éthoxylates d'alkylphénol et autres ingrédients irritants pour la peau, suspectés cancérigènes et perturbateurs du système hormonal : certains grands nez proposent des parfums bios raffinés et chics.

L'Artisan Parfumeur
1307 rue Ste-Catherine O., centre-ville, 514-282-1551, www.ogilvycanada.com,
Ⓜ Peel

Fibres écolos

Comme une seconde peau...

Chaleur, douceur, isolation ou protection, le vêtement est une seconde peau qui doit respirer, une zone d'échanges intimes entre l'intérieur et l'extérieur.

Du végétal au minéral, la palette est large. Il existe des matières textiles naturelles exemptes de pesticides et de produits chimiques. Il existe également un autre visage de la mode, celui qui véhicule des valeurs, qui se positionne sur la notion de recyclage, de solidarité, d'éthique, trop souvent réduite au cliché d'image poussiéreuse ou trop «baba». Plus qu'un vêtement, la mode écolo encourage une autre façon de voir la mondialisation.

Et si l'on changeait nos habitudes pour une approche plus écologique, plus sensitive? Si l'on apprenait à lire les étiquettes? À faire revivre ou bien à échanger nos fripes? À boycotter les t-shirts à 2$? À privilégier les tissus durables et biologiques, exempts de produits toxiques pour le corps et l'environnement? Notre portefeuille pèse lourd dans la balance, et nos achats, loin d'être anodins, changent les modes de production et de fabrication. Bienvenue dans l'ère des «consom'acteurs».

Fibres écologiques ou naturelles, comment s'y repérer?

Bien que certaines fibres soient naturelles, elles ne sont pas forcément écologiques. Le point sur six fibres montantes.

■ Chanvre

La culture du chanvre, plante écologique par excellence, ne nécessite aucun pesticide ni herbicide et est très économe en eau. Elle présente un cycle de croissance court, et il est possible de faire deux récoltes par an. Malgré ses exceptionnelles capacités de production, le chanvre est une plante frugale qui n'épuise pas les sols. Plus robuste que le coton, cette plante est reconnue pour ses vertus antimicrobiennes et sa capacité d'absorption du CO_2. Certaines boutiques l'ont déjà adoptée.

Boutique Je l'ai
159 av. Duluth E., Plateau Mont-Royal, 514-284-5393, www.newearth.ca,
Ⓜ Mont-Royal

■ Lin

Plante à croissance rapide, le lin réclame cinq fois moins de pesticides et d'engrais chimiques que le coton et se transforme en fibres sans application de solvants. Résistant, thermorégulateur et antibactérien, le lin est également économique d'un point de vue du territoire cultivé : avec seulement 1 hectare de lin, le fabricant peut créer 500 jupes ou 800 chemises.

■ Pures laines vierges

De chèvres (mohair, cachemire), de moutons (mérinos), de yacks ou de lamas (alpaga, vigogne), les pures laines vierges sont issues de la tonte d'animaux élevés conformément aux principes de l'agriculture bio. Douce et légère, la laine est thermoactive : elle permet à l'humidité de s'évaporer et à la peau de respirer. Afin de préserver longtemps vos vêtements de laine vierge ou de laine et soie, il est conseillé de ne pas les laver trop souvent car cela détruit la lanoline protectrice (une substance grasse qui protège la toison des moutons).

Boutique Alpaqa
533 av. Duluth E., Plateau Mont-Royal, 514-527-9687, www.alpaqa.com, Ⓜ Mont-Royal

Ça va de soi
1062 rue Laurier O., Outremont, 514-278-6016, www.cavadesoi.com, Ⓜ Laurier

L'Angelaine
www.langelaine.com, achat en ligne

■ Soie sauvage

Confectionnée à partir des cocons de chenille du bombyx du mûrier vivant à l'état sauvage, cette matière filamenteuse qu'est la soie est composée essentiellement de kératine comme les cheveux. Bien connue pour son pouvoir isolant et protecteur, la soie est chaude l'hiver et agréable au toucher.

Les Soies de Mini Fée
www.soiesminifee.com, achat en ligne.

■ Coton bio

Cultivé sans engrais, pesticides, herbicides et OGM, le coton bio est exempt de métaux lourds et est donc très bien toléré par la peau. Au toucher, sa fibre est beaucoup plus douce. Sa vente n'est soumise à aucune spéculation, et sa culture préserve la santé physique et économique des travailleurs. L'inconvénient réside toujours dans la consommation importante en eau. Bonne nouvelle : le volume de coton bio produit en 2007-2008 est passé de 57 932 tonnes à 145 872 tonnes, soit une augmentation de 152% par rapport à l'année· précédente. Voici quelques marques et boutiques montréalaises qui proposent des vêtements fabriqués à partir de cette matière toute douce.

Lilidom
www.lilidom.com, achat en ligne
Vêtements pour enfants.

Message Factory

www.messagefactory.ca, achat en ligne

Chaque pièce de leurs collections porte un message et une illustration qui incitent les gens à célébrer la vie dans toute sa splendeur.

OÖM Ethikwear

www.oom.ca, achat en ligne

Connue pour ses petits boutons rouges accrochés aux t-shirts, cette entreprise assure la confection totale de ses vêtements par des organismes d'ici.

Respecterre

www.respecterre.com, achat en ligne

Vêtements de yoga et de détente.

Le nylon met 40 ans à se dégrader, soit 80 fois plus de temps que le coton et 10 fois plus de temps que la laine.

Charlie Sattva Yoga-à-Porter

260 rue Bernard O., Mile-End, 514-510-5788, www.charlie-sattva.com, ⓜ Outremont

Coupes féminines, confort, universalité et élégance... les collections – comme Noa Noa, Mac & Jac, Yoga Jeans et bien plus encore – choisies scrupuleusement par la designer et propriétaire Caroline Frenette nous séduisent. Également en boutique, les tapis de yoga conçus à partir de fibres 100% biodégradables.

■ Fibres synthétiques issues de matières premières naturelles

Bambou, Lenpur (issu du pin blanc), Crabyon (carapaces de crustacés), maïs ou Seacell (extraits des algues marines): ces nouvelles fibres, obtenues à partir de cellulose, d'amidon ou de protéines sont très en vogue. Convoitées pour leur grande douceur, elles cachent une réalité pas tout aussi verte. Seule la matière première est écologique, car le procédé de transformation de la fibre en viscose de bambou, par exemple, fait appel à des produits toxiques et solvants tels l'hydroxyde de sodium, le disulfide de carbone, la soude caustique et l'acide chlorhydrique, sans compter l'utilisation massive d'eau et d'énergie. À savoir, la Chine monopolise la quasi-totalité de la production de viscose de bambou.

Les labels et certifications

De la chaîne de production au produit fini, en passant par la filière textile, il faut distinguer plusieurs types de certifications: certaines effectuent leur contrôle uniquement sur la matière première tandis que d'autres posent un œil sur toute la chaîne de production.

■ Eko Skal International

Reconnu au niveau international, cet organisme hollandais de certification des produits bios est un symbole de qualité. Le contrôle s'effectue sur l'ensemble de la chaîne de production depuis les fermes de production (OGM proscrits, aucun recours aux pesticides et aux engrais chimiques…) jusqu'aux conditions sociales de production. Il garantit l'origine biologique du produit, la traçabilité des matières utilisées (coton et laine), la transformation du coton et l'application de teintures écologiques sans colorants cancérigènes ni substances allergènes ou métaux lourds.

■ Ocia

Organisme américain de certification de produits bios dont le coton.

■ Oeko-Tex

Cet organisme de certification international regroupe deux standards. Oeko-Tex Standard 100 concerne le produit fini et certifie l'absence de substances indésirables pour la peau et la santé (colorants, pesticides, phénols chlorés, métaux lourds, apprêt biocide, formaldéhydes). Oeko-Tex Standard 1000 garantit que les usines et ateliers de production respectent les directives écologiques en ce qui concerne leur mode de fabrication (qualité des eaux usées, économies d'énergie…). Le label Oeko-Tex 100+ associe les deux standards. Par contre, ce label ne garantit pas que la matière première soit issue de l'agriculture biologique.

■ Max Havelaar

Essentiellement visible en Europe, ce label offre une garantie qui porte uniquement sur les matières premières issues du commerce équitable (OGM proscrits, coton cultivé en polyculture, irrigation pluviale…). Par contre, les autres maillons de la chaîne de production ne sont pas couverts, comme la transformation des fibres de coton, le tissage, les teintures, etc.

■ Transfair Canada

Sans but lucratif, TransFair Canada est un organisme national de sensibilisation et de certification des produits équitables au Canada. La certification se déroule en deux temps. Tout d'abord, les producteurs de coton doivent respecter les critères de commerce équitable établis par l'organisme FLO International (*Fairtrade*

Labelling Organizations International), qui ne certifie pas pour autant que le coton est issu de l'agriculture biologique. Lorsque la fibre, le tissu, le fil ou le vêtement passe les frontières canadiennes, TransFair Canada prend le relais et s'assure de la traçabilité de la graine de coton. Si la transformation du fil ou la fabrication du vêtement a lieu au Canada, elle s'assure également que le cahier des charges est bien respecté avant d'apposer son logo.

New K. Industry
www.newkindustry.com, achat en ligne
À Montréal, la compagnie New K. Industry, connue pour ses collections de t-shirts, affiche ses convictions d'engagement social depuis 2006.

S'inscrire dans une démarche de commerce responsable, c'est apprendre à partager les richesses. Qu'en est-il exactement ?

En 1987, à l'ONU, des spécialistes du monde entier se sont réunis pour rédiger le document *Notre avenir commun*, qui montrait la voie idéale à la croissance en préconisant davantage d'égalités sociales et moins d'atteintes à la nature. C'est dans le cadre de ce congrès qu'est né le concept de développement durable, popularisé lors du Sommet de la Terre à Rio de Janeiro (Brésil) en 1992. La mise en œuvre de ce combat humaniste passe par un grand nombre de changements comportementaux et demande une mobilisation de tous les acteurs de la société, politiciens, industriels, chercheurs et citoyens. Il s'agit d'optimiser le prélèvement des ressources, d'envisager de nouvelles optiques de développement, de partager équitablement, de sortir de cette civilisation de gâchis. Il nous faut entrer dans une société de modération, non de privation et bâtir une économie progressiste qui ne nuise ni à l'humanité ni à la nature... Les réponses existent.

Le commerce équitable, c'est s'engager et agir en créant une chaîne solidaire et écologique qui profite à tous, du producteur au consommateur, chacun pouvant ainsi vivre dignement. Pour l'heure, il n'existe aucun label 100% équitable ou organisme de contrôle qui garantit une traçabilité du champ à la boutique.

> *Parce que les ouvriers sont payés décemment, les baskets en caoutchouc naturel, coton bio ou cuir tanné sans chrome, valent environ 22,50$ à la sortie de l'usine. Et ceux fabriqués en Chine en sortent au prix d'environ 3$.*

OrangOrang

www.orangorangproject.com, achat en ligne

À Montréal, retrouvez la collection de vêtements OrangOrang. Signée Catherine Charest, une Montréalaise établie en Indonésie, cette production est fabriquée à partir de soie et de coton biologique, et elle est teinte naturellement sans produits nocifs pour l'homme et l'environnement, suivant les règles du commerce équitable. On la trouve notamment chez Solo Échantillons.

Solo Échantillons

1328 rue Laurier E., Plateau Mont-Royal, 514-521-7656, www.soloboutique.com, Ⓜ Laurier

Blank – Vêtements fièrement fabriqués au Québec

4726 boul. St-Laurent, Plateau Mont-Royal, 514-849-6053, www.portezblank.com, Ⓜ Mont-Royal

Parce que s'inscrire dans une démarche de commerce équitable, c'est également maintenir, favoriser et développer les talents et le savoir-faire local, l'entreprise montréalaise Blank a pris le parti d'une fabrication 100% québécoise, du tissage des matières à la confection des modèles, en passant par les encres à base d'eau. Également possibilité d'achat en ligne.

Respecter les règles du commerce équitable, c'est :

▸ *Garantir des conditions de travail décentes selon les normes de l'Organisation internationale du travail (refus du travail des enfants et travail forcé; salaire digne; heures supplémentaires payées, etc.).*

▸ *Développer des relations commerciales à long terme.*

▸ *Réduire les intermédiaires.*

▸ *Participer aux projets sociaux (santé, formation, éducation, environnement).*

▸ *Offrir un prix d'achat juste, calculé en fonction des besoins et non d'un cours mondial totalement manipulé par les subventions.*

État des lieux de l'industrie du coton

L'industrie traditionnelle du coton arrive au 2e rang des activités économiques mondiales en termes d'échanges, soit 20 millions de tonnes par année, alors qu'elle ne représente que 3% des terres cultivables dans le monde : une goutte d'eau dans l'océan agricole. Pourtant les conditions sont loin d'être idéales, et son impact sur l'homme et l'environnement pèse de plus en plus lourd : ateliers de misère, main-d'œuvre bon marché, suicides, surendettement, guerre de subventions, dégradation de la biodiversité, surconsommation de l'or bleu (10 litres d'eau/m²/jour avant la floraison, assèchement de la mer d'Aral) et utilisation excessive de polluants. Selon l'Organisation mondiale de la santé, cette industrie intensive contamine des millions de personnes chaque année (cancers, perturbations du système nerveux), entraînant des milliers de décès. De la culture à la transformation, le coton est l'une des fibres les plus répandues dans le monde du prêt-à-porter et également l'une des plus polluantes: cette industrie utilise 25% des pesticides vendus dans le monde (dont le DDT, qui est pourtant interdit en Europe depuis fort longtemps), 10% d'herbicides comme l'agent orange (l'herbicide le plus utilisé pendant la guerre du Vietnam), des engrais, du chlore, de l'ammoniaque,

de la soude, de l'acide sulfurique, du mercure, des phtalates, du formaldéhyde, etc. Tous ces produits utilisés entraînent de graves troubles de santé pour les travailleurs et les consommateurs (irritations et réactions allergiques), sans compter que cette consommation intensive de polluants a un effet hautement toxique sur l'environnement et la biodiversité (appauvrissement des sols, pollution de l'air, rejet des eaux usées, diminution des eaux de surface, pollution des eaux souterraines, etc.).

Après la récolte...

Filé, tissé, blanchi, tricoté, teint, cousu, exporté, transporté, un vêtement fait, dans certains cas, presque le tour de la planète avant de se retrouver sur nos mannequins (le transport représente 6% de l'impact environnemental d'un seul jean). Ces différentes étapes ont de lourdes conséquences en termes d'impacts humains, environnementaux et économiques: le blanchiment du coton est obtenu grâce au chlore. La teinture est une étape plus complexe, nocive et allergène qu'elle n'y paraît: utilisation massive de métaux lourds (notamment le nickel, le plomb, le chrome pour le noir) et de colorants azoïques à base d'aminés cancérigènes ou organo-chlorés. L'application de soude caustique à 0°C confère au coton cet aspect soyeux. L'antitache et l'imperméabilisation font appel à des résines

> *Produire 1 kg de coton, soit pour un t-shirt et un jean, nécessite entre 7 000 et 29 000 litres d'eau et 2 kg de produits chimiques.*

synthétiques, à base de formol ou fluorées. Les traitements antimicrobiens font même intervenir des phtalates, des bisphénols, des composés à base de zinc... et les anti-UV réclament le dioxyde de titane ou le benzotriazole. Bonne nouvelle, les vêtements en coton bio sont blanchis à partir de peroxyde d'hydrogène ou d'eau oxygénée, remplaçant avantageusement le chlore. Les teintures naturelles et végétales à base de fleurs, racines ou écorces, sont garanties sans métaux lourds, ni polluants. À Montréal, une compagnie se distingue par ses impressions à base d'eau.

Sérigraphie CME
2177 rue Masson, local 200, Rosemont, 514-733-6654, www.serigraphiemontreal.com, Ⓜ Laurier

Où courir les boutiques chics et éthiques ? Où découvrir les créateurs émergents ?

Dénicher de nouveaux talents, connaître des créateurs engagés dans une démarche de développement durable ou encore pousser la porte des boutiques vintage : le choix est vaste pour limiter notre empreinte écologique. Le vêtement finit par devenir une seconde peau qui intègre des dimensions humaines, artistiques, sociales et économiques. Voici un carnet d'adresses chics et éthiques à Montréal pour consommer différemment, en toute conscience. Il n'y a pas d'esthétique sans éthique.

Arterie Boutique & Friperie
176 rue Bernard O., Mile-End, 514-273-3933, www.arterieboutique.blogspot.com, Ⓜ Outremont
Spartiates, bottes ou tongs 100% végétale, étoffes bios ou pièces vintage : ici on se soucie de la production éthique sans renoncer au style. Sans passer sous silence les sous-vêtements Trashigaga : fabriquées à Montréal, ces petites culottes, conçues à 50% de matières recyclées, sont drôles, insolentes, confortables et pleines de fantaisie.

Boutique U&I
3650 boul. St-Laurent, Plateau Mont-Royal, 514-844-8788, www.boutiqueuandi.com, Ⓜ Sherbrooke
Cette boutique de prêt-à-porter haut de gamme pour femmes et hommes propose des vêtements de designers locaux et internationaux, et également des griffes difficiles à trouver à Montréal.

Espace Pepin

350 rue St-Paul O., Vieux-Montréal, 514-844-0114, www.pepinart.com,
Ⓜ Square-Victoria

Dans cet espace lumineusement éclectique, on retrouve plusieurs collections de vêtements au style audacieux et polyvalent, également les luminaires signés Alexandre Brault, ainsi que les tableaux de la peintre-propriétaire Lysanne Pepin, sans oublier les accessoires, chaussures et bijoux de designers locaux.

Galerie Zone Orange

410 rue St-Pierre, Vieux-Montréal, 514-510-5809, www.galeriezoneorange.com,
Ⓜ Square-Victoria

Cet atelier-café-boutique de la rue Saint-Pierre offre un concept unique et accessible. Collection de bijoux, accessoires, objets design ou encore mode aux coupes stylisées : découvrez des créateurs d'ici ou d'ailleurs qui débordent de talents inouïs.

General 54

54 rue St-Viateur O., Mile-End, 514-217-2129, www.general54.blogspot.com,
Ⓜ Outremont

Local 23

23 rue Bernard O., Mile-End, 514-270-9333, www.general54.blogspot.com,
Ⓜ Outremont

Ces deux charmantes adresses presque voisines permettent de faire de magnifiques trouvailles, surtout en pièces vintage.

Harricana par Mariouche

3000 rue St-Antoine O., St-Henri, 514-287-6517, www.harricana.qc.ca, Ⓜ Lionel-Groulx

Vêtements, chapeaux d'aviateur, cache-oreilles, chapkas, foulards, sacs à mains et autres accessoires... Des collections uniques et chics, conçues à partir de fourrures recyclées. Possibilité d'achat en ligne.

HeadQuarters Galerie + Boutique

1649 rue Amherst, Quartier latin,
514-678-2923, www.hqgalerieboutique.com,
Ⓜ Berri-UQAM

Des lignes de vêtements sobres ou structurés, des matières qui donnent envie de toucher, des chaussures, des bijoux, des œuvres accrochées aux murs ou installées à l'intérieur de la boutique : HeadQuarters est une véritable caverne d'Ali Baba... un espace follement artistique.

Lola & Emily

3475 boul. St-Laurent, ghetto McGill,
514-288-7598, www.lolaandemily.com,
Ⓜ St-Laurent

Dans cet appartement-boutique, on retrouve des vêtements de qualité aux styles bien différents à l'effigie de la boutique, mais

Dans le cas d'un t-shirt fabriqué selon les normes du commerce équitable, 21% du prix de vente rémunère la main-d'œuvre, 4% les cultivateurs (près du triple de la proportion usuelle), 11% le distributeur (contre souvent plus de 30% pour les produits textiles classiques). D'autres montants s'ajoutent, comme les taxes, le transport, les formalités douanières, le styliste, l'emballage, etc.

également des accessoires, chaussures et meubles dénichés ici et là par les deux propriétaires.

Moly Kulte studio art&mode

943 av. du Mont-Royal E., Plateau Mont-Royal, 514-750-0377, www.molykulte.com, Ⓜ Mont-Royal

Insolite, cette boutique unit sous un même toit la collectivité de designers locaux aux talents multidisciplinaires (vêtements fabriqués à partir de tissus recyclés, peintures, livres, accessoires). À ne pas manquer : Créations Encore, Soap Créations, Mexique écodesign, Puce à l'Agonie, Miss Brown, les Éditions de ta Mère, et pleins d'autres curiosités.

Sarah Pacini

1455 rue Peel, centre-ville, 514-849-6552, www.sarahpacini.com, Ⓜ Peel

Lignes fluides, matières nobles… les collections ultra-féminines de la créatrice belge Sarah Pacini sont intemporelles.

Unicorn

5135 boul. St-Laurent, Mile-End, 514-544-2828, www.boutiqueunicorn.com, Ⓜ Laurier

Peint de noir et de blanc, cet espace incroyablement théâtral et magique est l'endroit rêvé pour les aficionados de la mode à la recherche de perles rares.

Mode vintage, 100% recyclée ou écolo

Du chic au plus classique en passant par le *streetwear* et les tenues *lounge*, voici une sélection d'adresses montréalaises qui plébiscitent une mode aussi durable qu'éclatante. Recyclés, vintage ou fabriqués à partir de textiles respectueux de l'environnement, il y en a pour tous les goûts.

Nos adresses préférées

Artistri

5319 av. du Parc, Mile-End, 514-461-4437, www.artistri.ca, Ⓜ Laurier

Accessoires, bijoux, articles pour la maison : cette boutique fourmille d'idées cadeaux uniques et équitables qui mettent en valeur les talents et la créativité de femmes d'ici et d'ailleurs.

Belle et Rebelle

6321 rue St-Hubert, Petite-Patrie, 514-315-4903, www.belleetrebelle.ca, Ⓜ Beaubien

Dans cette boutique de la rue Saint-Hubert, retrouvez des vêtements de designers québécois, des marques éthiques aux coupes tendance, sans oublier les mitaines, les chapeaux, les ceintures et autres accessoires.

Boutique Léora

859 rue Rachel E., Plateau Mont-Royal, 514-678-6777, Ⓜ Mont-Royal

Lingerie des années 20, robes charleston, escarpins et bottes stylés, chapeaux et autres accessoires... La boutique Léora est tout en originalité, en raffinement et en féminité. Costumière et collectionneuse depuis plus de 40 ans, la propriétaire Nicole Pelletier cultive avec véhémence une passion pour la matière, la mémoire du tissu et l'art d'une mode intemporelle.

Myco Anna

4660 boul. St-Laurent, Plateau Mont-Royal, 514-844-7117, www.mycoanna.com, Ⓜ Mont-Royal

Lignes éclatées, formes dynamiques et asymétriques, impressions teintées d'imagination : des collections féminines, elfiques ou bohèmes, qui attirent toujours autant les regards. Possibilité d'achat en ligne.

D'autres adresses vintage, recyclées ou écolos à découvrir

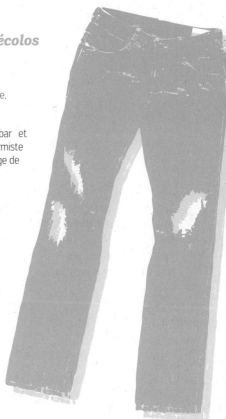

Café-Boutique Éva B

2013 boulevard St-Laurent, centre-ville, 514-849-8246, www.eva-b.ca, Ⓜ Saint-Laurent

À la fois boutique-friperie, bistro-bar et espaces à louer, ce lieu anticonformiste est une invitation à découvrir son étage de costumes.

Cul-de-sac

3966 boul. St-Laurent, Plateau Mont-Royal, 514-504-8417, Ⓜ Mont-Royal
371 av. du Mont-Royal E., Plateau Mont-Royal, 514-303-4781, Ⓜ Mont-Royal

Cet atelier-boutique offre une sélection de vêtements vintage pour femmes et hommes.

La Gaillarde

4019 rue Notre-Dame O., St-Henri, 514-989-5134, www.lagaillarde.blogspot.com, Ⓜ Place-St-Henri

Cette boutique-friperie fait la promotion d'éco-designers québécois. Chaque dimanche, les vêtements de la section friperie sont en vente à 2 pour 1.

Le Rétroviseur
751 rue Rachel E., Plateau Mont-Royal, 514-528-1645, Ⓜ Mont-Royal
Depuis 1982, cette boutique offre une sélection de vêtements d'occasion de belle qualité.

Les Étoffes
5253 boul. St-Laurent, Mile-End, 514-544-5500, Ⓜ Laurier
Accessoires et vêtements neufs, vintage ou d'occasion.

Boutique Un monde à vie
1075 montée Masson, Mascouche, 450-474-5078, www.mondeavie.ca
Cette boutique propose exclusivement des vêtements écolos fabriqués par des designers d'ici.

E.R.A Vintage Wear
1800 rue Notre-Dame O., Petite-Bourgogne, 514-543-8750, Ⓜ Georges-Vanier
Passionnée de robes de soirée et de pièces uniques, la propriétaire de cette boutique a créé une véritable caverne d'Ali Baba du vintage.

Ethik
6050 rue St-Hubert, Petite-Patrie, 514-656-6929, www.ethik-gbc.ca, Ⓜ Rosemont
Vêtements, bijoux et sacs à main d'ici et d'ailleurs, le tout certifié éthique.

Folle Guenille
4236 rue Ste-Catherine E., Hochelaga-Maisonneuve, 514-845-0012, www.folleguenille.com, Ⓜ Pie-IX
Partisane d'une consommation locale, Folle Guenille fait la promotion des éco-designers d'ici.

> *Pas moins de 27 bouteilles en plastique recyclées permettent de confectionner un pull en laine polaire.*

La Folia
1281A av. Van Horne, Outremont, 514-277-4004, www.lafolia.ca, Ⓜ Outremont
Vêtements et accessoires équitables.

Preloved
4832 boul. St-Laurent, Plateau Mont-Royal, 514-499-9898, www.preloved.ca, Ⓜ Mont-Royal
Une collection de vêtements et d'accessoires fabriqués à partir de matières recyclées. Possibilité d'achat en ligne.

Rien à cacher
4141 rue St-Denis, Plateau Mont-Royal, 514-907-6187, www.rienacacher.com, Ⓜ Mont-Royal
Vêtements, baskets et accessoires écolos aussi bien pour la gent féminine que masculine.

Mémento, mode vintage
3678 rue St-Denis, Plateau Mont-Royal, 514-843-8391, Ⓜ Sherbrooke
C'est comme ouvrir le grenier de nos grands-mères : on y trouve des vêtements, sacs à main et chaussures des années 20, 30, 40 et 50.

Designers d'ici

Voici un carnet d'adresses non exhaustif de créateurs montréalais qui sont peut-être moins orientés sur les fibres écologiques mais tout aussi préoccupés par la pérennité d'une mode d'ici.

Nos adresses préférées

Complexgeometries

5455 rue De Gaspé, local 903-C, Mile-End, www.complexgeometries.com, ⓜ Laurier
Vêtements asymétriques et transformables, jeu de drapées, matière amples et confortables... Cette ligne conçue autant pour les femmes que pour les hommes a également des pièces complètement unisexes et surtout un petit je-ne-sais-quoi qui plaît beaucoup. Possibilité d'achat en ligne.

Guido & Mary

1615 rue de Louvain O., local 210, Ahuntsic, 514-388-8830, www.guidoandmary.com, ⓜ Sauvé
Symbole universel de notre vestiaire quotidien, le jeans est un incontournable. Les designers de Guido & Mary ont choisi la fabrication locale pour leurs jeans en denim.

Philippe Dubuc

4451 rue St-Denis, Plateau Mont-Royal, 514-282-1465, www.dubucstyle.com, ⓜ Mont-Royal
Ambivalence des formes, sophistication, matières innovantes... Les collections pour hommes du créateur Philippe Dubuc s'ajustent parfaitement au style de vie urbain et actif tout en mettant en valeur les silhouettes. Possibilité d'achat en ligne.

Sport ou plus chics, d'autres adresses de créations d'ici à découvrir

Atelier Meg couture par Marie-Ève Gravel

514-383-5456, www.megcouture.ca, sur rendez-vous
Collections féminines aux coupes impeccables et service personnalisé de confection sur mesure et de retouches en tous genres.

Bodybag by Jude

17 rue Bernard O., Mile-End, 514-274-5242, www.jude.qc.ca, ⓜ Laurier
Pour des femmes aux allures féminines, classe et résolument modernes.

Envers par Yves Jean Lacasse

4935 rue Sherbrooke O., Westmount, 514-935-7117, www.yvesjeanlacasse.com, ⓜ Vendôme
Une griffe qui se décline aussi bien au masculin qu'au féminin.

FIG Clothing
www.figclothing.com
Une ligne de vêtements pour le voyage.

Marie Saint Pierre Montréal
2081 de la Montagne, centre-ville,
514-281-5547, www.mariesaintpierre.com, ⓜ Peel
Centre Rockland, 2305 ch. Rockland, 3ᵉ étage, Ville Mont-Royal, 514-738-5547,
ⓜ Acadie ou Crémazie
Le corps, le mouvement, la sensibilité... Des créations universelles qui reposent sur le
jeu de contrastes subtils des matières.

Melow Design
3889 rue St-Denis, Plateau Mont-Royal,
514-807-0935, www.melowdesign.com, ⓜ Sherbrooke
Une ligne de vêtements pour femmes qui fait un point
d'honneur au confort sans sacrifier le style.

Mission Fitness
www.missionfitness.ca
Vêtements de sport chics pour femmes.

Moov Design
1839 av. du Mont-Royal E., Plateau Mont-Royal,
514-521-2121, www.moovdesign.com, ⓜ Mont-Royal
Maillots de bain sur mesure et vêtements de yoga.

Renata Morales
514-282-8610, www.renatamorales.com, sur rendez-vous
Exclusivement cousues à la main, les créations singulières et raffinées de
cette artiste prennent racine dans la musique, les arts visuels, l'architecture...

Valérie Dumaine
5445 rue De Gaspé, local 913, Mile-End, 514-247-6419, www.valeriedumaine.com,
ⓜ Laurier
Un style épuré, sobre et chic, avec une préférence pour les couleurs neutres comme le
noir ou le marine. Possibilité d'achat en ligne.

Boutiques des marques québécoises

Valeurs d'authenticité et de proximité... Voici un petit tour d'horizon des boutiques qui
mettent à l'honneur les créations québécoises sans parti pris pour le bio à tout prix.

Aime Com Moi
150 av. du Mont-Royal E., Plateau Mont-Royal, 514-982-0088, ⓜ Mont-Royal
En plus d'avoir les marques de designers québécois, Aime Com Moi crée ses propres
pièces et offre un service de confection sur mesure.

Boutique Revenge

3852 rue St-Denis, Plateau Mont-Royal, 514-843-4379, www.boutiquerevenge.com,
Ⓜ Sherbrooke

Depuis 1986, cette boutique redonne à la mode québécoise ses lettres de noblesse
en mettant en valeur les collections de plus de 37 designers aussi bien d'ici que de la
relève canadienne.

Boutique Scandale

3639 boul. St-Laurent, Plateau Mont-Royal, 514-842-4707, www.boutiquescandale.
com, Ⓜ Sherbrooke

Des vêtements féminins haut de gamme et originaux, conçus par le designer et
créateur de costumes Georges Lévesque.

Le Marché Mtl

24 av. des Pins E., Plateau Mont-Royal, 514-907-2482, www.lemarchemtl.com,
Ⓜ Sherbrooke

Poussez la porte de cette minuscule boutique à la devanture rose et un autre monde
s'ouvrira à vous. Chaussures, vêtements et accessoires vintage ou créations locales :
cette boutique est à découvrir sans plus attendre.

Lustre Boutique

4429 boul. St-Laurent, Plateau Mont-Royal, 514-288-7661,
www.lustreboutique.blogspot.com, Ⓜ Mont-Royal

Quels que soient la taille et le style, Lustre Boutique se concentre sur les vêtements
pour femmes. Robes, jupes, blouses et autres vêtements sont tous cousus ici même
à la boutique.

Les grandes enseignes passent au vert

**Au cœur de toutes les tendances, les vêtements écolos se retrouvent même
sur les portemanteaux des grands magasins.**

H&M

1100 rue Ste-Catherine O., centre-ville, 514-788-4590, www.hm.com/ca_fr,
Ⓜ Peel

Centre Rockland, 2305 ch. Rockland, Ville Mont-Royal, 514-340-7763,
Ⓜ Crémazie ou Acadie

Carrefour Pointe-Claire, 6801 autoroute Transcanadienne, Pointe-Claire,
514-630-4800

La Maison Simons

977 rue Ste-Catherine O., centre-ville, 514-282-1840, www.simons.ca, Ⓜ Peel

MEC, la coopérative de plein air

Marché central, 8989 boul. de l'Acadie, Parc-Extension, 514-788-5878,
www.mec.ca, Ⓜ Crémazie

Boutiques en ligne

De plus en plus de créateurs vendent leurs collections dans les coulisses du magasinage en ligne. Le guide *Beau, belle et bio* a réuni plusieurs adresses faisant le lien entre designers et acheteurs, sans intermédiaire.

www.dites-vert.com
Ce site fait la promotion de marques québécoises de vêtements pour hommes, femmes et enfants.

www.mtldesigners.com
Vêtements, objets, bijoux, accessoires... Retrouvez sur ce site uniquement des créateurs montréalais.

www.fashioncan.com
Ce site fait la promotion de designers de mode canadiens.

www.etsy.com
Mode, déco, accessoires, produits pour le bain... Ce site est le paradis «magasinage» des produits faits maison ou vintage.

Tout l'univers d'une mode enfantine écolo

Finies les coupes sans forme, les couleurs ternes, les vêtements qui grattent ou qui provoquent une allergie. Pour le bonheur des parents et de leurs chérubins, les camisoles, pyjamas, robes, pantalons et chaussettes se déclinent dans des couleurs ludiques et gaies, avec comme objectif premier : le bien-être, le confort et une volonté grandissante de prendre soin de soi sans oublier la planète... Voici un tour du placard des boutiques et friperies montréalaises.

Nos adresses préférées

Le nid de la Cigogne
268 rue St-Viateur O., Mile-End, 514-276-6262, www.leniddelacigogne.ca, ⓜ Laurier
Habiller ses tout-petits écologiquement, c'est possible. Sur les rayons, retrouvez des sous-vêtements de laine et de soie, des vêtements aux coupes plus décontractées ou plus chics, fabriqués à partir de coton 100% bio et de teintures à base de végétaux. Même créneau pour les écharpes porte-bébés ou les couches lavables de coton... La boutique fait preuve d'une démarche globale : la volonté grandissante d'habiller les enfants tout naturellement.

Lili Café & Cie

650 rue Fleury E., Ahuntsic, 514-544-7181, www.lilicafe.ca, Ⓜ Sauvé

Ce café-boutique de la rue Fleury dégage comme un air d'insouciance, de légèreté et de douceur. Vous y retrouvez des vêtements pour enfants, y ferez des trouvailles pour les mamans et y verrez un menu de brunch pour toute la famille.

Maman, bébé, et café

5814 rue Sherbrooke O., Notre-Dame-de-Grâce, 514-509-7494, http://php.mamanbebecafe.com, Ⓜ Vendôme

Sous un même toit se marient avec brio des cours de salsa, de danse africaine avec bébé ou de percussions parent-enfant, un mini-spa, une boutique, une halte-garderie, des aires de jeux et un café-bistro. L'objectif du lieu est de faire connaître les produits du quartier comme les *sweetie cupcakes*, les produits de nettoyage naturels «Créations Maja» et autres découvertes locales.

Pour Enfant

www.pourenfant.ca, achat en ligne

Vêtements trop petits, jouets inutiles... Vos bambins grandissent vite et, pour satisfaire vos convictions tant écolos que solidaires, rien de mieux que dénicher un site gratuit pour trouver, troquer ou vendre vêtements, accessoires, mobilier et jouets.

D'autres adresses de boutiques et de friperies pour materner écolo

Belles Mamans

173C av. Cartier, Pointe-Claire, 514-783-3200, www.bellesmamans.ca

En plus d'avoir sa propre boutique, Belles Mamans propose des cours de massage pour bébés, ainsi que salsa, yoga et préparation à l'accouchement.

Bleu bébé rose bonbon

www.bleubeberosebonbon.com, sur rendez-vous ou achat en ligne

Jouets écolos, vêtements, chaussures et pantoufles ou encore Baby Legs... n'hésitez pas à cliquer.

Boutique Bummis

115 av. du Mont-Royal O., Plateau Mont-Royal, 514-289-9415, www.boutiquebummis.com, Ⓜ Mont-Royal
278 ch. du Bord-du-Lac, Pointe-Claire, 514-674-0828

Bracelets de dentition, couches de coton bio lavables, porte-bébés, layettes, accessoires pour l'allaitement... la boutique offre une sélection de produits écologiques.

Boutique Coccinelle Maternité

474 boul. des Seigneurs, Terrebonne, 450-964-0739, www.coccinellematernite.com

Retrouvez les essentiels pour mamans et bébés au naturel.

Boutique Laïla-b
www.laila-b.com, ◎ Atwater, sur rendez-vous
Vêtements fabriqués à partir de matériaux recyclés, destinés aux petites et jeunes filles de 4 à 16 ans.

Boutique Maman Kangourou
5020 ch. de la Côte-des-Neiges, Notre-Dame-de-Grâce, 514-303-9922,
www.mamankangourou.com, ◎ Côte-des-Neiges
Écharpes porte-bébés, ensemble de moulage maternité et autres produits pour bébés et leurs parents.

Boutique Noyma
2500 rue des Nations, local 101, St-Laurent,
514-333-3233, www.noyma.ca
Vêtements, accessoires, matelas et linge de maison en laine, coton bio et tricot.

Harrimini par Harricana
3000 rue St-Antoine O., St-Henri, 514-287-6517,
www.harricana.qc.ca, ◎ Lionel-Groulx
Collection d'accessoires pour enfants en fourrure recyclée.

Friperie Peek A Boo
807 rue Rachel E., Plateau Mont-Royal, 514-890-1222, www.friperiepeekaboo.ca,
◎ Mont-Royal
1736 rue Fleury E., Ahuntsic, 514-270-4309, ◎ Sauvé
Vêtements de 0 à 12 ans, de maternité, accessoires et jouets.

Friperie Julie et Benjamin
1351 av. Van Horne, Outremont, 514-277-0304, ◎ Outremont
Vêtements de 0 à 16 ans, de maternité, accessoires et jouets.

Friperie Memory Lane
5560 av. Monkland, Notre-Dame-de-Grâce, 514-482-0990,
www.kidsmemorylane.com, ◎ Villa-Maria
Vêtements de 0 à 12 ans, vêtements en coton bio, accessoires et jouets.

Minizabies
1991 rue Beaubien E., Petite-Patrie, 514-750-3999, ◎ Beaubien
Boutique, atelier et friperie pour habiller vos tout-petits à bon prix.

Où trouver chaussures à son pied 100% canadiennes ?

Impossible de résister au magicien d'Oz version souliers. Modèles contemporains, classiques ou plus loufoques, il ne vous reste qu'à choisir.

Boutique John Fluevog
3857 rue St-Denis, Plateau Mont-Royal,
514-509-1627, www.fluevog.com,
Ⓜ Sherbrooke
Spécialiste des chaussures stylisées
et colorées.

Boutique La Canadienne
273 av. Laurier O., Plateau Mont-
Royal, 514-270-8008,
www.lacanadienne.ca, Ⓜ Laurier
Forte de plus de 70 ans d'expérience, La
Canadienne conçoit des chaussures élégantes et
résistantes, aux teintures écologiques.

La Chatte Bottée
www.myspace.com/lachattebottee
Pour faire partie de la prochaine vente privée des souliers vintage organisée par La
Chatte Bottée, inscrivez-vous en ligne.

Où trouver des accessoires ?

Colliers, sacs, chapeaux et autres parures prétextes au plaisir et propices à
l'extase... Voici un carnet d'adresses clés et de créateurs pour dénicher des
accessoires porteurs de qualité et de design, le tout « fait à Montréal ».

Nos adresses préférées

Charlotte Hosten
www.charlottehosten.blogspot.com (points de vente)
Après des études en droit, cette créatrice autodidacte se lance dans la création de
bijoux haute couture. Des colliers qui fantasment autour de plusieurs univers (la soie,
le lin, les perles, les broderies...).

Tilly Doro
www.tillydoro.com (points de vente)
Créée à partir de vieux bijoux et pièces récupérées un peu partout dans le monde, la
collection de ce label montréalais fait un tabac à l'étranger.

Norwegian Wood
www.iheartnorwegianwood.blogspot.com (points de vente)
Pour un look bohème et stylisé, laissez-vous tenter par les colliers longs et frangés qui
rehaussent une petite robe noire.

D'autres adresses pour trouver l'accessoire de vos rêves

Bijoux Bijoux
www.bijouxdefantaisie.com, achat en ligne
Une boutique en ligne qui fait la promotion des bijoux d'ici.

Coccinelle jaune
4236 rue Ste-Catherine E., Hochelaga-
Maisonneuve, 514-259-9038,
www.coccinellejaune.com, ⓜ Pie-IX
Un univers coloré pour trouver des
idées cadeaux et déco.

Falakolo
2615 boul. Le Corbusier, Laval,
450-978-1272, www.falakolo.com,
ⓜ Montmorency
Une vaste collection de sacs,
d'accessoires et de produits pour
chien fabriqués à partir de jeans et
autres matières recyclées.

Kamikaze Curiosités
4116 rue St-Denis, Plateau Mont-Royal,
514-848-0728, ⓜ Mont-Royal
Chaussettes, chapeaux, collants, bijoux, accessoires, vêtements... Cette boutique est
pleine d'audace et d'originalité.

Mariane Alexandre
1397 rue Laurier E., Plateau Mont-Royal, 514-272-8543, www.marianealexandre.com,
ⓜ Laurier
Ces designers-joailliers montréalais offrent un service de création de pièces sur
mesure.

Matt & Nat
www.mattandnat.com, achat en ligne
Créateurs de sacs façon cuir, fabriqués à partir de plastique recyclé.

m0851
3526 boul. St-Laurent, ghetto McGill, 514-849-9759, www.m0851.com, ⓜ St-Laurent
Complexe Les Ailes, 677 rue Ste-Catherine O., centre-ville, 514-842-2563, ⓜ McGill
Cette marque est réputée pour ses sacs, vêtements et autres articles de cuir conçus
au Québec. Possibilité d'achat en ligne.

Red Sofa
www.gotoredsofa.com, achat en ligne
Argent, perles d'eau douce, améthyste ou encore quartz rutilé... Des bijoux qui
transcendent une émotion.

Les RV de la mode éthique et solidaire

Parce que la mode éthique est en pleine progression, on la découvre audacieuse, accessible, créative, porteuse de bénéfices tant sociaux et économiques qu'environnementaux. Montréal regorge d'expositions, de salons et de soirées qui gagnent à être connus.

Nos événements préférés

ModEthik
www.modethik.org
Ce salon automnal a pour objectif de faire connaître les designers et créateurs d'ici et d'ailleurs qui mettent à l'honneur des pratiques écologiques et socialement responsables.

Salon des artistes-récupérateurs québécois
160 ch. Tour-de-l'Isle, île Sainte-Hélène, 514-283-5000, www.biosphere.ec.gc.ca, Ⓜ Jean-Drapeau
Organisé à la Biosphère en novembre, soit plusieurs semaines avant les fêtes de Noël, ce salon met en lumière des créateurs et artistes talentueux qui travaillent uniquement à partir de matières récupérées.

Salon des métiers d'art du Québec
Place Bonaventure, 800 rue De La Gauchetière O., centre-ville, www.metiers-d-art.qc.ca, Ⓜ Bonaventure
Considéré comme la plus importante expovente en métiers d'art professionnels en Amérique du Nord, cet événement qui se déroule en décembre célèbre avec brio le savoir-faire, le «fait main».

D'autres événements pétillants et colorés qui ont lieu à Montréal

Événement Mode de vie
www.lagaillarde.blogspot.com
Une soirée-bénéfice d'éco-créateurs québécois présentée au début de décembre par la boutique de mode écologique La Gaillarde.

Festival Mode et Design de Montréal
www.festivalmodedesign.com
L'occasion de découvrir les talents des designers d'ici à la fin de juin.

Grand Défilé vert
www.festivaldelaterre.ca
Dans le cadre du Festival Mondial de la Terre, le Grand Défilé vert rassemble à la mi-juin une vingtaine d'éco-designers d'ici.

Marché du LABoratoire Créatif

www.labcreatif.ca

Un marché 100% mode Montréal. Le LABoratoire créatif organise cet événement deux fois par année, au printemps et au début de l'automne.

Pop Montréal

www.popmontreal.com

L'automne, Pop Montréal est l'hôte des événements Puces Pop, la plus grande foire montréalaise d'art fait à la main, et Fashion Pop, le défilé de mode annuel.

Souk@Sat

1195 boul. St-Laurent, centre-ville, 514-844-2033, www.souk.sat.qc.ca, Ⓜ St-Laurent

Cet événement annuel qui se tient à la mi-décembre permet aux créateurs montréalais de faire la promotion de leurs dernières créations.

Bons gestes et astuces vertes

1 Soyez créatif avec votre garde-robe

Et donner une seconde vie à ses vêtements avant de se ruer dans les boutiques. Si la tentation est trop forte, il est mieux de toujours regarder les étiquettes et préférer les créations locales, fabriquées à partir d'éco-textiles ou d'objets usuels. La marque Misssoka crée de sublimes boutons de manchettes, boucles d'oreilles et colliers à partir de pièces de scrabble et de touches de clavier.

Misssoka
www.misssoka.com

2 Évitez les fibres synthétiques

Viscose, polyamide, acrylique, nylon, kevlar ou goretex, toutes ces fibres issues des ressources pétrochimiques ont un réel impact sur l'environnement. Il est préférable de les éviter et de promouvoir les textiles plus écologiques.

3 Et si bébé portait des couches lavables?

Quelque 4 millions de couches sont jetées quotidiennement au Canada, sans compter les nombreux produits chimiques contenus dans ces dernières (le polyacrylate de sodium aux propriétés absorbantes est soupçonné de provoquer des allergies graves, le benzol tout comme les traces de dioxyne sont reconnus cancérigènes, le tributyl étain est fortement toxique pour le système immunitaire et hormonal). La compagnie québécoise Doux Bébé propose une nouvelle manière de voir les choses : des couches lavables en chanvre, les plus écologiques sur le marché.

Doux Bébé
www.douxbebe.com, achat en ligne

Terre et Mère
www.terreetmere.ca, achat en ligne

4 Lavez vos vêtements après plusieurs utilisations

Les lavages répétitifs ainsi que les séchages en machine sont gourmands en énergie.

5 Essayez les noix de lavage

Pour un linge doux, agréable et sans résidus toxiques, les noix de lavage sont une solution 100% végétale, économique (une famille de 4 personnes, à raison de 3 brassées par semaine, n'a besoin que de 1 kg de noix de lavage pour l'année) et hypoallergénique. La saponine contenue dans les noix de lavage se libère toute seule au contact de l'eau, dès 30°C.

Épiceries naturelles, boutiques pour enfants et magasins de nettoyants écologiques

6 Évitez le nettoyage à sec

Le solvant couramment utilisé pour le nettoyage à sec, du nom de perchloréthylène, surnommé «perchlo» ou «PERC», est classé comme «nuisible à la santé» et «dangereux pour l'environnement» selon l'Union européenne et sera totalement retiré du marché américain d'ici 2020. À Montréal et dans la région, le nettoyage à sec écologique existe.

Nettoyeur Écologique Royal
5866 rue Sherbrooke O., Notre-Dame-de-Grâce, 514-482-3622, ⓜ Vendôme

Renew Systeme
251 rue Bernard O., Mile-End, 514-276-1419, ⓜ Outremont

Vincent Plus
1025 boul. des Seigneurs, Terrebonne, 450-961-9819

7 Recyclez, donnez...

Une personne achète à peu près 20 kg de vêtements par année et en jette environ 15 kg. Si vous sentez le besoin de trier vos vêtements, sachez que la poubelle n'est pas une bonne solution. La récupération n'est pas prévue dans le tri sélectif, et vos vêtements échouent directement à la décharge ou dans un incinérateur. Il est préférable d'organiser une soirée entre amis pour donner une seconde vie aux habits ou de les vendre à la friperie ou encore de les offrir. Plusieurs associations d'économie sociale ou ateliers de créateurs les récupèrent. Pour le recyclage industriel, saluons les initiatives lancées par Patagonia ou Lafuma pour les vêtements techniques de sport.

Boutique Fringues & Cie
1355 boul. René-Lévesque O., centre-ville, 514-866-9941, www.fringues.qc.ca,
Ⓜ Lucien-L'allier

Dita & Bella
514-577-4321, www.ditabella.com

Le Coffre aux Trésors du Chaînon
4375 boul. St-Laurent, Plateau Mont-Royal, 514-843-4354, www.lechainon.org,
Ⓜ Mont-Royal

8 Au rayon des vestes polaires

Choisissez la veste polaire fabriquée à partir de bouteilles plastique recyclées.
Lavées, hachées, transformées en confettis, puis fondues et transformées en
fibres fines de polyester, les bouteilles de plastique sont tricotées et teintes
pour être transformées en vêtements. Patagonia a été le premier fabricant
à utiliser du polyester recyclé. Chaque fois que 3 700 bouteilles sont recyclées, c'est un baril de pétrole d'économisé, soit 168 litres, et 150 vestes
confectionnées.

En vente dans les boutiques de sports et de plein air

9 Pour un ventre bien au chaud

D'inspiration japonaise, ce bandeau de tissu ou *haramaki* est agréable pour
soutenir le ventre des femmes enceintes, mais également pour soulager les
crampes menstruelles, soutenir les reins et le foie, améliorer la circulation,
etc.

Haramaki Love
www.haramakilove.com, achat en ligne

10 Maille à l'endroit, maille à l'envers

Saviez-vous que le 7 juin est la journée mondiale du tricot ? Si vous êtes de
ceux et celles qui souhaiteraient réaliser leurs propres tuques ou bonnets,
optez pour la laine bio et les aiguilles en fibre de bambou ou en bois, et si
vous êtes novice, pourquoi ne pas vous inscrire aux ateliers de la boutique
Effiloché ?

Effiloché
6252 rue St-Hubert, Petite-Patrie, 514-276-2547, www.effiloche.com,
Ⓜ Beaubien

‖ Laine, coton, métal, cuir et plus encore... tout se tricote

Atelier Maillagogo
337 rue De Castelnau, Petite-Patrie, 514-495-4089, www.maillagogo.com,
Ⓜ Jean-Talon

Véronique Bérubé Design
www.vbdesign.biz

⎾2 Utiles mais pas futiles

Les sacs chics et écolos en cuir recyclé signés Cokluch ou fabriqués à partir de matériaux récupérés dans des voitures destinées à la casse de la marque Bagnole : il y en a pour tous les goûts.

Atelier Cokluch
410A rue Villeray, Petite-Patrie, 514-273-5700, www.cokluch.com, Ⓜ Jean-Talon

Bagnole
www.sacbagnole.blogspot.com

⎿3 Pour une démarche écocitoyenne

Saviez-vous que de nombreux produits chimiques comme l'arsenic et le chrome sont utilisés pour le tannage du cuir ? La marque El Naturalista conçoit des chaussures aussi esthétiques qu'écologiques. Ces souliers colorés, confortables et résistants, se démarquent par leur facture : cuir tanné à partir d'écorces de bois puis assoupli à l'huile d'olive, semelles en caoutchouc naturel, teintures sans métaux lourds, etc.

Les pieds sur terre
4123 rue St-Denis, Plateau Mont-Royal, 514-284-5500,
www.lespiedssurterre.ca, Ⓜ Mont-Royal

Tony Pappas
1822 av. du Mont-Royal E., Plateau Mont-Royal, 514-521-0820,
www.tonypappas.ca, Ⓜ Mont-Royal

⎿4 Rivalisez d'imagination

Cuir recyclé, tissu recyclé, boucle en verre... L'ensemble de la collection d'accessoires vestimentaires Noujica (foulards multifonctions, cache-cous et ceintures) est imprimé avec des encres à base d'eau.

Noujica
www.noujica.blogspot.com

15 Entre chapeaux et bijoux de tête, le cœur balance

Pour faire ressortir votre style et changer complètement une tenue, pourquoi ne pas essayer le chapeau ou le serre-tête ?

Chapôéthique par Guylaine Walsh
819-369-8286, www.guylainewalsh.canalblog.com

Folilaine
www.folilaine.canalblog.com, achat en ligne

Ophelie H.A.T.S
www.opheliehats.com, achat en ligne

16 Pour votre prochaine soirée d'anniversaire entre filles

Sortez des sentiers battus et profitez des talents de designers rien que pour vous et vos amies. Ateliers ou défilés de mode à domicile : les créateurs bourgeonnent d'idées. Quand mode recyclé et écologique rime avec goût et style.

La Gaillarde
4019 rue Notre-Dame O., St-Henri, 514-989-5134, www.lagaillarde.blogspot.com,
Ⓜ Place-St-Henri

MolyKulte studio art&mode
943 av. du Mont-Royal E., Plateau Mont-Royal, 514-750-0377,
www.molykulte.com, Ⓜ Mont-Royal

17 Un oui en vert

Robes de mariées ou de bal : plusieurs designers de mode font des miracles à partir de matières recyclées.

Harricana par Mariouche
3000 rue St-Antoine O., St-Henri, 514-287-6517, www.harricana.qc.ca,
Ⓜ Lionel-Groulx

Oui, je le voeux
6924 rue St-Hubert, Petite-Patrie, 514-276-2945, www.ouijelevoeux.com,
Ⓜ Jean-Talon

Ploukk Créations
www.virb.com/ploukkcreations
Sur mesure.

Ma maison écolo

Pour un chez-soi
vert et douillet

Notre maison est sans aucun doute un refuge où l'on se sent en sécurité, hors d'atteinte de la pollution. Mais qu'en est-il réellement ? Meubles, peintures, colles, isolants, vernis, revêtements de sol, panneaux en aggloméré, éléments de décoration, parfums d'ambiance et produits ménagers... nos logis et bureaux ne sont pas forcément sains. Même si l'impact réel des polluants n'est pas particulièrement reconnu, beaucoup d'entre eux sont soupçonnés de contribuer à l'augmentation du nombre d'allergies, de maladies respiratoires, de fatigues chroniques, de certains cancers ainsi qu'à la baisse de la fertilité masculine. Astuces, idées, bons vieux trucs et carnet d'adresses de boutiques et d'éco-designers montréalais qui préservent notre *Home Sweet Home*.

Faire le ménage sans polluer

Adieu bombes dépoussiérantes ultrachimiques et produits toxiques plus ou moins spécialisés! Voici une liste d'ingrédients naturels, faciles à dénicher, pour que votre demeure et votre linge respirent le propre sans vous empoisonner.

■ Bicarbonate de soude

Plus communément appelé «p'tite vache», le bicarbonate de soude, obtenu à partir de minéraux, est une poudre blanche aux multiples usages : absorber les odeurs du réfrigérateur, nettoyer une planche à découper, décrasser le four, éliminer les graisses brûlées, les taches et plus encore. Non toxique, ce produit écolo remplace toutes les crèmes à récurer; sans risque pour l'environnement, il est biodégradable. Le plus beau dans tout ça, c'est son petit prix.

Recette verte pour nettoyer le four

Mélanger le bicarbonate de soude à l'eau. Laisser agir cette solution toute la nuit. Le lendemain, astiquer avec une éponge humide.

En vente dans les épiceries, supermarchés et pharmacies

■ Noix de lavage

Issue du *Sapindus mukorossi* ou arbre à savon, la saponine contenue dans ses petites coques brunes produit une mousse savonneuse au contact de l'eau chaude. Sans odeur, biodégradable, cette lessive naturelle ne nécessite aucune transformation ni ajout de phosphates, solvants et agents blanchissants. Les noix de lavage peuvent servir plusieurs fois avant de rejoindre le bac à compost. Pour les utiliser, il vous suffit de déposer de quatre à six petites coques dans un petit sac ou une chaussette dans le tambour de la machine à laver avec le linge. Si vous souhaitez parfumer le linge, ajoutez quelques gouttes d'huile essentielle de votre choix sur les noix avant de refermer le sac. La saponine est également utile pour lutter contre la prolifération des parasites et pucerons (comme n'importe quel savon mélangé à l'eau).

En vente dans la plupart des épiceries et boutiques bios ainsi que dans les magasins spécialisés en entretien ménager écologique

Recette verte pour éliminer les taches difficile et tenaces

Ajouter 1 c. à 2 c. à table de bicarbonate de soude ou d'agent blanchissant oxygéné écologique de la marque écologique Écover dans le bac de la machine.

En vente dans la plupart des épiceries et boutiques bios ainsi que dans les magasins spécialisés en entretien ménager écologique

■ Vinaigre blanc

Par son action antiseptique, dégraissante et détartrante, le vinaigre blanc remplace à peu près tous les produits d'entretien. Incolore, économique, il s'utilise aussi bien pour nettoyer les vitres, les éviers, les casseroles brûlées, les toilettes et les robinets que pour désodoriser et assouplir le linge (sans odeur âcre) et même pour remplacer le liquide de rinçage du lave-vaisselle... Un incontournable.

En vente dans les épiceries et supermarchés

Recette verte de détergent multi-usages

Mélanger 1 litre d'eau chaude, 2 c. à table de bicarbonate de soude, 1 c. à table de vinaigre blanc et quelques gouttes d'huile essentielle de votre choix qui laisseront un agréable parfum dans la maison. Bien agiter le mélange avant chaque utilisation. Se conserve plusieurs mois.

■ Tampon à récurer

Unique, compostable, biodégradable et hygiénique, le tampon à récurer fait de fibres de noix de coco est étonnamment efficace et résistant. Il ne rouille pas, ne se désagrège pas à l'usure et conserve son efficacité pendant des mois. Une fois utilisé, rincez-le et gardez-le dans un endroit sec.

Éco & Éco
www.ecoeteco.com, achat en ligne

Maréka, Produits Écologiques
535 ch. du-Bord-du-Lac, Dorval, 514-403-0602, www.mareka.ca

Où trouver des produits ménagers écologiques?

Soucieux de votre santé et de l'environnement, vous souhaitez opter pour des solutions plus écolos. Voici un carnet d'adresses des endroits où vous trouverez les produits qu'il vous faut.

Nos adresses préférées

Coopérative du Grand Orme

99 rue Ste-Anne, Ste-Anne-de-Bellevue, 514-457-0858, www.coopdugrandorme.ca
Rénovée selon les principes écologiques, la Coopérative du Grand Orme est à la fois un magasin et un lieu social pour sensibiliser et promouvoir un mode de vie écologique. Produits d'entretien ménager et de jardinage, de fournitures de bureau, nourriture, soins pour le corps, vêtements, bref, la Coop offre une gamme très vaste de produits bios et écolos, locaux ou équitables.

Éco chez soi

www.eco-chez-soi.com, achat en ligne
Ustensiles biodégradables, chiffons naturels, produits ménagers, polis à meubles, cires d'abeille, biberons sans BPA... À vos souris.

Maison Écolonet

925 rue Bélanger, Petite-Patrie, 514-279-1881, www.maisonecolonet.net, Ⓜ Jean-Talon
De la cuisine à la salle de bain, la Maison Écolonet vous offre un choix plantureux de produits nettoyants et ménagers écolos vendus en vrac. Vous trouverez également plusieurs marques pour les soins du corps et du visage.

D'autres adresses pour trouver des produits ménagers écologiques

Boutique Eau Eco l'eau

7563 boul. Newman, LaSalle, 514-363-8000, www.ecoleau.ca

Boutique Ecol'Eau Net

53 ch. de la Grande-Côte, Boisbriand, 450-420-1802

Coop La maison Verte

5785 rue Sherbrooke O., Notre-Dame-de-Grâce, 514-489-8000, www.cooplamaisonverte.com, Ⓜ Vendôme

Pour une planète verte

1001 Grand Boulevard, Chambly, 450-715-1215, www.pouruneplaneteverte.com

Vert et Essentiel
427 av. St-Charles, Vaudreuil-Dorion, 514-583-3898, www.vertetessentiel.com

Mon choix Sani-Terre
2294 av. du Mont-Royal E., Plateau Mont-Royal, 514-525-9758, www.sani-terre.ca,
Ⓜ Mont-Royal

Des plantes pour respirer un air sain

Peintures, mobilier, isolants… l'air des maisons est exposé à une quantité impressionnante de polluants. Depuis les années 80, un chercheur de la NASA, le Dr William Wolverton, s'intéresse aux capacités dépolluantes des plantes lors des vols spatiaux. De nombreuses études internationales ont depuis confirmé ses dires. Les plantes, en plus de produire de l'oxygène, améliorent l'acoustique des pièces et captent maintes substances toxiques présentes dans l'air. Les polluants, acheminés jusqu'à leurs racines, sont détruits par les micro-organismes de la terre. À chaque espèce, sa spécialité, son lieu de vie. Mais attention à ne pas transformer votre habitat en serre : trop de plantes vertes favoriseront également la prolifération de moisissures.

▪ Cuisine et salle de bain

Privilégiez les azalées, l'anthurium, le croton ou le palmier bambou.

▪ Salon

Le ficus, le chlorophytum, la fleur de lune ou le lierre se révèlent efficaces pour éliminer le benzène émanant des peintures, de la fumée de cigarette et des plastiques, ainsi que pour filtrer les diverses sources de pollution émanant des meubles en aggloméré et d'appareils électriques.

▪ Bureau

Le cactus colonnaire absorbe les radiations électromagnétiques, tandis que la fougère de Boston filtre le xylène, un polluant se dégageant de certaines imprimantes.

En vente chez la plupart des fleuristes

Éco-design

Comment réduire son empreinte écologique en associant design et développement durable ? Voici un carnet d'adresses de boutiques et de créateurs montréalais qui mettent en avant leurs talents et leur savoir-faire en associant valeurs écologiques et souci d'esthétisme. À découvrir.

▪ Du côté des meubles et des salles de bain

Coloré, harmonieux, plus vintage ou plus contemporain, quoi de mieux qu'un lieu de vie qui respire la joie de vivre et la créativité.

Nos adresses préférées

Hanneman Design
514-575-7675, www.hannemandesign.com, Ⓜ Laurier
La créatrice Sarah Hanneman, passionnée par l'aspect du textile, la richesse du tissu et les techniques de coloration, décape, repeint, rembourre et ainsi redonne vie et style à vos meubles préférés, abîmés ou abandonnés.

À Hauteur d'Homme (Hh)
www.hh.ca, achat en ligne
Exclusivement fabriqués en bois certifié FSC (forêts durablement gérées), les meubles et objets de la marque À Hauteur d'homme révèlent un design sobre, fonctionnel, durable, qui met en valeur la matière. Pour chaque produit vendu, l'équivalent en bois est replanté.

Moine Urbain
3625 rue St-Dominique, Plateau Mont-Royal, 514-286-2673, www.moineurbain.com, Ⓜ Sherbrooke
Par des matériaux bruts et nobles tels la pierre, l'acier, le bois, le Moine Urbain meuble l'espace de votre quotidien avec âme. Lavabos, douches, mobilier de cuisine... ces objets usuels conservent des lignes pures et simples, et leur création témoigne d'un souci pour le beau et le durable.

Samare

www.samare.ca

Le collectif de designers Samare s'appuie sur les traditions vivantes, l'histoire et la culture autochtone, pour créer des meubles au caractère singulier associant acier et babiche (lanière de cuir, non tannée, tressée de manière artisanale).

D'autres adresses éco-design à découvrir

Interversion

4273 boul. St-Laurent, Plateau Mont-Royal, 514-284-2103, www.interversion.com, Ⓜ Mont-Royal

Création et fabrication de meubles québécois.

Kastella

5355 boul. St-Laurent, Plateau Mont-Royal, 514-270-2444, www.kastella.ca, Ⓜ Laurier

Fabrication locale de meubles sur mesure, produite avec des bois massifs ou provenant de forêts durablement gérées.

Le divan dodu

514-890-1461, www.ledivandodu.com

Service de rembourrage et de recouvrement de meubles. La boutique offre également en vente des meubles recyclés et refaits à neuf.

Luwiss

514-502-7507, www.luwiss.com

Service de rembourrage écologique et réfection de meubles anciens ou abîmés dans un souci de respect de l'environnement (colles et laques à base d'eau, par exemple).

Montauk Sofa

4404 boul. St-Laurent, Plateau Mont-Royal, 514-845-8285, www.montauksofa.com, Ⓜ Mont-Royal

Rendu célèbre pour ses canapés et fauteuils moelleux et confortables à souhait, Montauk Sofa se distingue depuis 2006 par son approche écologique. Cette entreprise québécoise n'utilise que des colles à base d'eau et des mousses composés de latex et se distingue par son bilan carbone neutre.

▪ **Du côté des enfants**

Plusieurs créateurs et boutiques se spécialisent dans la fabrication et la commercialisation d'objets et d'ameublement écologiques, esthétiques, robustes, modulables, évolutifs et fabriqués dans le respect total de l'environnement. Voici quelques adresses écolos dédiées à l'univers des tout-petits.

Atelier-boutique Literie Toudou

1465 av. Van Horne, Outremont, 514-948-6969, Ⓜ Outremont

Connu pour ses literies et ses ameublements fabriqués artisanalement, l'atelier-boutique Literie Toudou vend également une sélection d'accessoires pour décorer la chambre de vos chérubins, comme la pluche «Monsieur Tsé-Tsé» fabriquée ici à Montréal à partir de coton biologique.

Boutique Raplapla

69 rue Villeneuve O., Plateau Mont-Royal, 514-563-1209, www.raplapla.com,  Laurier
Dans cette ludique boutique-atelier, vous trouvez les maisons en carton de Kréations Karton, les fameuses pluches Monsieur Tsé-Tsé fabriqués à partir de coton biologique, les poupées de chiffon Raplapla cousues à la main par la propriétaire des lieux, sans oublier les confiseries Dinette nationale et une ligne Raplapla de vêtements pour enfants. Possibilité d'achat en ligne.

Hilo Chair, Age Design Kids

www.agedesign.ca
Facile, pratique, modulable, colorée et sécuritaire, la chaise haute Hilo pour enfant s'intègre parfaitement aux décors contemporains de nos habitats. En prime, le plateau amovible est sans phtalates, plomb, PVC ou BPA.

La Grande Ourse Boutique-Atelier

263 av. Duluth E., Plateau Mont-Royal, 514-847-1207,  Sherbrooke ou Mont-Royal
Spécialiste du jouet écolo pour enfants, l'atelier-boutique La Grande Ourse laisse place à toute l'imagination débordante des petits et des plus grands. Des objets uniques et durables, comme leur fameuse bicyclette à deux roues sans pédales. Construit en bois, ce petit vélo favorisera l'apprentissage de l'équilibre de vos chérubins.

■ Du côté des objets

Lampes, linge de maison, «tatouages muraux», sacs fourre-tout, tapis de laine, meubles d'appoint, trésors architecturaux, objets désuets ou pièces décoratives uniques... Voici une sélection de boutiques et d'artistes montréalais choisis pour leurs styles éclectiques, chics, artistiquement durables ou plus audacieux.

Nos adresses préférées

Artefaks

www.artefaks.com, achat en ligne
Artefaks s'impose comme la plateforme incontournable pour dénicher toutes sortes d'objets issus de tous les domaines du design et plus spécifiquement pour faire découvrir les talents d'ici. Meubles, accessoires, linge de maison, céramique, etc., le choix est vaste.

Buk & Nola

1593 av. Laurier E., Plateau Mont-Royal, 514-357-2680, www.buknola.com,  Laurier
Colorés, audacieux, éclectiques et même romantiques, les objets et petits meubles d'appoint de la boutique Buk & Nola sont sélectionnés avec soin et célèbrent avec goût le mélange des styles et des époques. Si vous êtes en panne

d'inspiration ou manquez de temps, sachez que la boutique offre un service de décoration intérieure.

CatchFrames
www.catchframes.blogspot.com
Signés Hilary Thomson, les vieux cadres refaits à la main deviennent les nouveaux supports de vos bijoux préférés. Accrochées aux murs, ces pièces d'art sont à la fois chics et originales.

Galerie Co
5235 boul. St Laurent, Mile-End, 514-277-3131, www.galerie-co.com, ⓜ Laurier
Cette galerie-boutique fait la promotion d'objets d'art et design fonctionnels, abordables et respectueux de l'environnement et des principes du commerce équitable. Petit plus : les articles ménagers, meubles, éléments d'éclairage et autres objets usuels sont disponibles en ligne.

L'Atelier du Presbytère
1810 rue Notre-Dame O., St-Henri, 514-448-1768, ⓜ Georges-Vanier
Les propriétaires de cet atelier-boutique font autant la confection de rideaux, tabliers et autres sacs fourre-tout fabriqués à partir de vieux tissus de coton et de lin que la récupération et la réfection de meubles anciens.

Looolo Textiles
www.looolo.ca
Produits disponibles dans les boutiques suivantes :

Domison
4117 boul. St-Laurent, Plateau Mont-Royal, 514-563-1268, www.domison.com, ⓜ Mont-Royal

Le Baldaquin
63 rue de la Commune O., Vieux-Montréal, 514-288-6366, www.lebaldaquinmontreal.com, ⓜ Place-d'Armes
Pour un choix engagé sans sacrifier le style, découvrez les coussins et couvertures de la gamme Looolo Textiles, à la fois 100% biologiques et biodégradables.

Ovopur
www.aquaovo.com
Combinant esthétisme et respect de l'environnement, la firme Aquaovo propose un réservoir à eau de forme ovoïde et une cartouche de filtration tout à fait unique, à base de KDF55, de charbon activé, de biocéramique micropores et de cristal de quartz.

Style Labo
122 rue Bernard O., Mile-End, 514-658-9910, ⓜ Outremont
Pour les adeptes du design industriel et vintage, d'objets inusités chinés au Japon, en France ou en Angleterre, cette boutique regorge de meubles et accessoires uniques et rétro.

Spazio antiquités architecturales

8405 boul. St-Laurent, Petite-Italie, 514-384-4343, www.spazio.ca,  Jarry
Fenêtres, moulures, luminaires, radiateurs, éviers et baignoires
d'antan, quincaillerie architecturale, poignets de portes, bref,
cette boutique est une véritable caverne d'Ali Baba pour les
amateurs de rénovation qui veulent conserver un cachet,
une touche d'histoire à leur lieu de vie.

D'autres adresses éco-design pour dénicher des objets durables ou audacieux

Atelier-Boutique Gaïa céramique

1590 av. Laurier E., Plateau Mont-Royal, 514-598-5444,
www.gaiaceramique.com,  Laurier
Fondé en 1999, cet atelier-boutique s'est donné comme mission
la promotion des céramistes, sculpteurs et potiers québécois. Avis
aux intéressés, Gaïa céramique propose également des cours de
poterie.

Boutique des métiers d'art du Québec

Marché Bonsecours, 350 rue St-Paul E., Vieux-Montréal, 514-878-2787,
www.metiers-d-art.qc.ca/boutiquesCMAQ,  Champ-de-Mars
Céramique, métaux, impression textiles, cuir, bois, verre, etc. Plus de 125 artisans
québécois exposent leurs œuvres.

Coccinelle jaune

4236 rue Ste-Catherine E., Hochelaga-Maisonneuve, 514-259-9038,
www.coccinellejaune.com,  Pie-IX
Créations québécoises, importées et équitables... La boutique Coccinelle jaune propose
des idées-cadeaux et déco, sans oublier sa collection de bijoux à petits prix.

Dix Mille Villages

4128 rue St-Denis, Plateau Mont-Royal, 514-848-0538, www.tenthousandvillages.ca,
 Mont-Royal
5674 av. Monkland, Notre-Dame-de-Grâce, 514-483-6569,  Villa-Maria
290 ch. du Bord-du-Lac, local 108, Pointe-Claire, 514-428-0450
Des objets, bijoux, papeterie, instruments, etc., qui font la promotion du commerce
équitable.

Les fées mères

www.lesfeesmeres.com
Sachets d'infusion, linge de table, sacs de conservation... La gamme «cuisine» des
Fées mères est fabriquée à la main à partir de coton bio.

LilyÉcolo

www.lilyecolo.com, achat en ligne
Quelles que soient vos emplettes, LilyÉcolo vous offre une collection de sacs pratiques
et réutilisables en coton.

Opaline Studio
250, rue St-Zotique E., Petite-Patrie,
514-750-1212, www.opalinestudio.com,
Ⓜ Beaubien

Chapeaux, bijoux, textiles, verre fusion, céramique et bien plus encore, Opaline studio est plus qu'une boutique d'art aux idées inspirantes. Cet espace multifonctionnel présente le travail d'artistes québécois réputés et de nouveaux talents. Sont également proposés des ateliers de vitrail, de fusion du verre, d'aquarelle...

Poterie Manu Reva
5141 boul. St-Laurent, Mile-End,
514-948-1717, www.poteriemanureva.com,
Ⓜ Laurier

À la fois boutique et lieu d'exposition, Manu Reva (oiseau dans le firmament) présente les créations de céramistes québécois exclusivement.

Studio-Workshop MoodRoom
www.moodroom.ca, achat en ligne

Pour les amoureux du design, cette galerie-boutique offre une sélection d'objets uniques et colorés, d'ici et d'ailleurs, pour habiller son intérieur.

Surface jalouse
2672 rue Notre-Dame O., Petite-Bourgogne, 514-303-6220, www.surfacejalouse.com,
Ⓜ Lionel-Groulx

Impression de design sur tout type de surface (bois, métaux, murs, meubles...).

Tati B
23 rue St-Viateur O., Mile-End, 514-495-7669, www.ilovetatib.com, Ⓜ Laurier

Inspirée par la culture pop, cette boutique propose toutes sortes d'objets, comme ces assiettes en porcelaine aux dessins pas tout à fait classiques... Ça vaut le détour.

Vive la différence
119 av. du Mont-Royal E., Plateau Mont-Royal, 514-481-0043, www.viveladifference.ca,
Ⓜ Mont-Royal

Cette boutique fait la promotion d'artistes canadiens et d'artisans du monde selon les principes du commerce équitable.

Y&Co Tapis et Textile
1442 rue Sherbrooke O., local 200, centre-ville, 514-287-8998, www.ycocarpet.com,
Ⓜ Guy-Concordia

Socialement et environnementalement consciencieuse, Y&Co offre une vaste sélection de tapis de laine, lin, coton et soie, de couvertures, de draps et de produits éco-chics.

Ressources environnementales

Matériaux, produits, ateliers, services... Voici un carnet d'adresses utiles pour trouver toutes les ressources environnementales dont vous avez besoin.

ArchiBio
4681 rue Fabre, Plateau Mont-Royal, www.archibio.qc.ca, Ⓜ Laurier
Outre la conception et la réalisation de projets de construction, ArchiBio propose des programmes de formation et de cours pour vous aider à construire ou à rénover votre maison de manière écologique.

Centre d'écologie urbaine
3516 av. du Parc, 514-282-8378, ghetto McGill, www.ecologieurbaine.net,
Ⓜ Place-des-Arts
Le centre a pour mission de développer et de partager son expertise en matière de développement urbain durable par l'entremise de différents projets (colloques, chantiers, forums...).

Conseil du bâtiment durable du Canada
8615 rue Lafrenaie, St-Léonard, 514-324-0968, www.cagbc.org
Cet organisme national sans but lucratif, affilié à l'organisme US Green Building Council, s'est donné comme mission de faire progresser le mouvement du bâtiment durable et sain au Canada. Certification LEED, renseignements techniques, initiatives, programmes d'éducation... leur site est une fourmilière d'informations.

Écohabitation
www.ecohabitation.com
Que vous cherchiez le calendrier des événements, des matériaux de construction sains, des propriétés à vendre, des manufacturiers, distributeurs ou projets écologiques. Écohabitation est l'annuaire des professionnels en habitation écolo.

Énergie Solaire Québec
514-392-0095, www.esq.qc.ca
Cet organisme a pour mandat de promouvoir l'énergie solaire et les autres ressources énergétiques renouvelables au Québec. Pour parfaire vos connaissances, sachez qu'Énergie Solaire Québec organise des activités aussi bien pour le grand public que pour les intervenants du secteur de l'énergie et du bâtiment.

MAM (Matériaux pour les Arts Montréal)
www.mamontreal.qc.ca
Intéressé par un don de matériaux ? Le projet Matériaux pour les Arts Montréal met gratuitement à la disposition d'artistes, d'organismes ou d'institutions des matériaux récupérés.

Qu'est-ce que la certification LEED ?

Développé par l'US Green Building Council, le système d'évaluation LEED (Leadership in Energy and Environmental Design) promeut une approche globale à la durabilité, en reconnaissant la performance dans cinq domaines importants de la santé humaine et environnementale :

▸ *aménagement écologique des sites ;*

▸ *gestion efficace de l'eau ;*

▸ *énergie et atmosphère ;*

▸ *matériaux et ressources ;*

▸ *qualité des environnements intérieurs.*

Il existe différents niveaux de certification : certifié, argent, or, platine et LEED for Homes (spécialement conçu pour le milieu résidentiel).

Conception et construction durables et esthétiques

Dans un contexte de dépenses énergétiques anarchiques et de dégradation accélérée de l'environnement, l'écologie est plus que jamais au centre de toutes les préoccupations. Plusieurs sociétés, architectes ou designers montréalais s'inscrivent dans une démarche de conception et de construction responsable, globale, durable et esthétique. Leurs activités s'expriment dans des projets tant privés que publics. Voici quelques-uns de ces ateliers où l'habitat positif est au cœur de leur travail : urbanisme, durabilité et éco-responsabilité vont de pair.

Atelier HairArchi
6525 boul. St-Laurent, local 200, Petite-Patrie, 514-948-1547, www.hairarchi.com, Ⓜ Beaubien

Atelier d'architecture L. McComber
5179 rue St-Denis, Plateau Mont-Royal, 514-948-5669, www.ateliersmc.ca, Ⓜ Laurier

Atelier Scrap - Écodesign
3803 rue Clark, Plateau Mont-Royal, 514-807-4586, www.atelierscrap.ca, Ⓜ Sherbrooke

Blouin Tardif Architecture - Environnement
1450 City Councillors, local 700, centre-ville, 514-395-2260, www.btae.ca, Ⓜ McGill

Design M3 Béton
1265 rue des Carrières, Rosemont, 514-799-2866, www.m3beton.ca, Ⓜ Rosemont

Guillaume Lévesque Architecture
514-353-2145, www.guillaumelevesque.com

Magazines

Intéressé par le développement durable, vous souhaitez obtenir de l'information supplémentaire ? Voici deux magazines québécois à consulter.

La Maison du 21ᵉ siècle
www.21esiecle.qc.ca

Vision Durable **(votre partenaire en affaires responsables)**
www.visiondurable.com

Événements et galeries

Voici une sélection d'expositions, d'événements et d'installations en tout genre qui rassemblent des artistes visuels, créateurs, designers, architectes, artistes récupérateurs, etc., préoccupés par les questions touchant autant à l'esthétisme qu'à l'environnement.

Galerie Monde Ruelle
2205 rue Parthenais, local 112, Centre-Sud, 514-290-3338, www.monderuelle.com, Ⓜ Frontenac ou Papineau

Galerie Monopoli
181 rue St-Antoine O., Vieux-Montréal, 514-868-6691, www.galeriemonopoli.com, Ⓜ Place-d'Armes

Paysages éphémères
www.paysagesephemeres.com
Chaque été, au cœur de l'avenue du Mont-Royal, l'événement Paysages éphémères réalise un parcours mêlant à la fois l'architecture, le design et le paysage, afin de sensibiliser le public à la transformation de l'espace urbain comme milieu de vie, tout en stimulant la création contemporaine.

Salon national de l'environnement

www.terrenouvelle.info

Habitation verte et éco-villages, énergie propre et renouvelable, transport durable et véhicules alternatifs... Le salon national de l'environnement propose également des ateliers pratiques et autres initiatives afin de sensibiliser le public aux défis environnementaux et d'encourager un changement de comportement. Chaque année vers la mi-juin.

SIDIM (Salon international du design d'intérieur de Montréal)

www.sidim.com

Audace, créativité et développement durable sont les maîtres mots du SIDIM. Sur plus de 1 800 m^2 d'expositions, d'espaces thématiques et d'activités, découvrez la créativité des artistes d'ici et d'ailleurs. Fin mai.

Astuces vertes

Aérez

Pour éviter la pollution intérieure, ouvrez les fenêtres et laissez entrer l'air frais.

2 Préférez les parfums d'ambiance non chimiques

Pour les parfums, bougies et fleurs d'ambiance, dites non aux aérosols toxiques et optez pour les encens fabriqués à partir de poudre de résines (oilban, benjoin, myrrhe...), de plantes et de bois et pour des chandelles à la cire d'abeille.

Alchimiste en Herbe
4567 rue St-Denis, Plateau Mont-Royal, 514-842-6880,
www.alchimiste-en-herbe.com, Ⓜ Mont-Royal

Charme et Sortilège
4933 rue de Grand-Pré, Plateau Mont-Royal, 514-844-8139,
www.charme-et-sortilege.com, Ⓜ Laurier

3 Optez pour des fleurs locales ou équitables

Jardin en boîte
5095 rue Fabre, Plateau Mont-Royal, 514-527-6615, Ⓜ Laurier

Retrouvez les fleurs bios Floralia, cultivées à la ferme Les Bontés de la Vallée, à Franklin (à environ 1h de Montréal).

Green Poppies
5658-A av. du Parc, Mile-End, 514-279-1120, www.greenpoppies.com, Ⓜ Laurier

Terrafolia
3375 boul. des Sources, Dollard-des-Ormeaux, 514-683-3533, www.terrafolia.ca

4 Pour un sommeil nature

Un tiers de notre vie est passé au lit; il est donc préférable de choisir des matelas et oreillers en fibres naturelles sans COV (composés organiques volatiles) qui favorisent un sommeil stable et réparateur. Habituellement, les matelas conventionnels contiennent une mousse de polyuréthane et d'autres produits ignifuges jugés toxiques.

123 dormir

913 rue St-Charles, St-Lambert, 514-568-0250, www.123dormir.ca

Matelas et futons 100% laine biologique et lin.

Créations Mayukori

www.mayukori.com

Les oreillers Mayukori en écales de sarrasin et en coton sont conçus et fabriqués au Québec. Ergonomiques, naturels, non allergènes, ces oreillers favorisent un sommeil stable et réparateur.

5 Jardinez sur les toits et installez un toit vert

Les aliments parcourent en moyenne 2 500 km avant d'arriver dans nos assiettes. Grâce aux bacs de culture hors sol, il est maintenant simple de transformer balcons, toits et cours en potagers et ainsi de cultiver des aliments sains, sans produits chimiques, tout en contribuant à réduire les îlots de chaleur, à améliorer la qualité de l'air et à augmenter la biodiversité. Vous ne regarderez plus jamais vos légumes, fruits et fines herbes de la même manière.

Des jardins sur les toits

www.rooftopgardens.ca

Les urbainculteurs

www.urbainsculteurs.org

Les Toits Vertige

5116 av. du Parc, 2e étage, Mile-End, 514-543-9774, www.toitsvertige.com, ❿ Outremont

Installation de toits verts.

6 Pour une bouffée d'air frais

Le premier mur végétal extérieur à Montréal fut officiellement inauguré à l'été 2009 à la Fonderie Darling. Outre son côté esthétique, les murs végétaux offrent des avantages environnementaux insoupçonnés (améliore la qualité de l'air, absorbe les polluants et poussières, contribue à une meilleure régulation thermique du bâtiment, à une meilleure isolation phonique).

EnviroZone

www.envirozone.ca

7 Isolation écologique

Pour réduire la facture de consommation d'énergie, pensez à isoler convenablement. Pour cela, il est préférable de choisir des matériaux efficaces et sans émanation de produits toxiques tels que le chanvre, les bottes de paille ou la ouate de cellulose obtenue à partir de papier recyclé.

Artcan
www.maisonenchanvre.com
Construction et isolation à base de chanvre.

Bénolec
www.benolec.com
Isolation à base de cellulose de bois.

Igloo cellulose
www.cellulose.com
Isolation à base de 85% de papier journal recyclé et de 15% de matériaux biodégradables.

8 Économisez l'eau

Pour réduire la quantité d'eau, placez une brique ou une bouteille pleine dans le réservoir de la chasse d'eau. Sachez que, sur les 150 litres d'eau potable que nous consommons chaque jour, plus de 30 litres partent dans les toilettes. Ou mieux, faites l'achat d'une toilette à double chasse d'eau.

En vente dans les magasins de rénovation (Rona, Home Depot) ou spécialisés dans les salles de bain.

9 Adoptez des peintures et des cires écologiques, sans COV (composés organiques volatiles)

ArchiBio
www.archibio.qc.ca
Des formations de différents niveaux sont données pour faire connaître les techniques d'application des peintures et des enduits à base de chaux et de caséine.

Boutique Éco-Réno
6631 av. Papineau, Petite-Patrie, 514-725-9990, Ⓜ Fabre
Fabriquée au Québec, la gamme de produits ÉcoSélection compte plusieurs produits pour les meubles, boiseries et planchers (huile, cire en pâte). Points de vente disponibles sur le site internet du fabricant (www.ecoselection.com).

IO **Meublez-vous durablement**

Supérieur au bois en termes de durée et de dureté, le bambou est devenu la solution pour vos planchers, cuisine, salle de bain et panneaux de contre-plaqué écolo sans ajout de formaldéhyde (souvent utilisé dans les colles...). Ce matériau peut être utilisé dans le cadre d'un projet LEED (certification d'habitations vertes).

Greene Bamboo
5333 boul. St-Laurent, Mile-End, 514-938-8814, www.greenebamboo.com, Ⓜ Laurier

La maison du Bamboo
www.lamaisondubamboo.com

II **Privilégiez le bois certifié par le Forest Stewardship Council**

Assurez-vous que le bois utilisé pour la fabrication des planchers et des meubles provient de forêts durablement gérées.

Pour trouver un détaillant proche de chez vous, consultez le site FSC (Forest Stewardship Council).
www.fsccanada.org

I2 **Pique-niquez écolo**

Il existe toute une gamme de vaisselles et d'ustensiles pour la maison ou les déjeuners sur l'herbe fabriqués à partir de bambou ou de résidus de canne à sucre.

GoGreenInStages
www.gogreeninstages.com, achat en ligne

I3 **Appliquez la règle des 3R : réduire, réutiliser, recycler**

Éco-quartiers
www.ville.montreal.qc.ca
Procurez-vous bacs verts et composteurs.

RecycFluo
www.recycfluo.ca
Moins gourmandes d'énergie, certes, mais contenant du mercure (un métal plutôt nocif pour l'environnement), les lampes fluocompactes ne doivent pas être jetées à la poubelle. IKEA et Home Depot se chargent de les recycler.

Recyc-Matelas
5792 av. Royalmount, Ville Mont-Royal, 514-735-3111, www.recyc-matelas.com
Pour recycler matelas et sommiers.

Écocentres de Montréal
www.ville.montreal.qc.ca
Les écocentres sont des sites de récupération et de valorisation des matières résiduelles qui contribuent à la réduction des déchets sur les sites d'enfouissement, grâce au tri sélectif des matières (bois, métaux, pneus, vêtements, terre, résidus domestiques dangereux, résidus verts, articles de récupération).

14 Limitez les sources de pollutions diverses

Un four à gaz et trois brûleurs allumés génèrent au bout d'une demi-heure un taux de dioxyde supérieur à 300 µg/m^3. Dans la rue, à ce niveau de pollution, l'alerte niveau 1 est déclenché. Les chauffe-eau (gaz, bois, mazout) mal entretenus produisent quant à eux du monoxyde de carbone, responsable de graves intoxications. L'inhalation de formaldéhyde libéré par les peintures, meubles en bois aggloméré, mousse isolante et certains produits d'entretien, provoque des crises d'asthme et diverses réactions allergiques.

15 Privilégiez les appareils moins énergivores

Pour les machines à laver, aspirateurs, etc., repérez les appareils ménagers et les éléments d'éclairage homologués EnergyStar.

16 Diminuez la consommation d'énergie

Téléviseur, ordinateur, imprimante, lecteur DVD... En veille, ces appareils continuent de consommer 72% d'énergie. À la maison comme au bureau, éteignez vos appareils en veille quand vous ne les utilisez pas.

17 Prestations de ménage écologique

La plupart des produits ménagers traditionnels sont composés de matières premières chimiques nocives et polluantes. L'organisme MAMOP met tout en œuvre pour avoir le moins d'impact possible sur l'environnement en proposant des prestations de ménage écologique pour une clientèle aussi bien résidentielle que commerciale tout en fournissant des résultats de qualité.

MAMOP
www.mamop.ca

Présentation
de l'auteure

Thérapeute en massage tibétain Ku Nye, réalisatrice et auteure du livre *Les meilleurs spas au Québec*, aussi publié chez Ulysse, Francine Nascivet aime métisser les genres et parcourir le monde. Curieuse, instinctive, passionnée et bio-accro, elle se consacre plus particulièrement à des sujets qui rendent hommage à cette biodiversité extraordinaire qui fait la richesse de notre univers, «ce ciel étoilé au-dessus de nos têtes et la conscience morale au fond de nos cœurs» (Kant). En 2010, elle présentera son projet documentaire, *Holy Bali... où la vie s'invente de neuf*, un film sur des hommes et des femmes qui repoussent les montagnes, qui ont foi en leurs rêves et nourrissent au quotidien la phrase de Dostoïevski «la beauté sauvera le monde».

Index

Index général

Index des établissements cités

Le goût du bon et du bio

Forme et bien-être

Beauté bio et engagée

Fibres écolos

Ma maison écolo

Le plus grand choix
de guides et de cartes
sur Montréal et le Québec!

www.guidesulysse.com